公務員試験

大事なことだけ

シンプル面接術

後藤和也

実務教育出版

はじめに――本書のコンセプト

本書は、公務員試験における人物試験全般（個別面接や集団討論、面接カードの作成など）に関する本です。近年の公務員試験は「人物重視」傾向がかつてなく強まっています。「人は減るが仕事が増える」傾向にある公務員の職場では、周囲の職員とコミュニケーションを図る能力や、自分でストレスをマネジメントする力を有する人が求められるのです。

一方、ワークライフバランスや安定性の面から、公務員人気は根強いものがあります。そのため、「面接本」は数多く出版されていますし、皆さんが大学や公務員予備校などで模擬面接を受けて練習する機会も増えていることでしょう。

しかし、果たしてそれらの「面接対策」は正しいのでしょうか？　言葉を選ばずに言えば、「ピントがずれている対策が多い」というのが、私の率直な感想です。

私の現職は女子短大の教員です。専門は若者のキャリア支援で、国家資格キャリアコンサルタントなどの資格も保有しています。前職は人事院東北事務局および国立大学法人東北大学の人事・採用担当者でした。かつては皆さんと同じ公務員志望者であり、現在は将来の進路を模索する学生と日々向き合っています。つまり、①面接官、②受験者、③採用・キャリアの専門家という複数の視点を有しているのが、私の強みだと自負しています。

その前提で述べれば「多くの受験者が行う面接対策には、大きな誤解がある」と言わざるをえません。実際の面接でも、「表面的な体裁を意識するあまり、模範回答の丸暗記に終始する人」「ほかの受験者より目立とうとして、奇をてらった回答ばかりする人」などが後を絶ちません。さらには、過熱する人物重視傾向を前にして、自信を失って立ちすくんでいる「コミュ力弱者」を自認する人たちも、公務員志望者には実に多く存在します。

しかし、面接官の視点から言えば、面接は「仲間探し」であり、「受験者とのコミュニケーションの場」なのです。考えてみれば、面接官と言語的なコミュニケーションを図れる唯一のシチュエーションなのですから、理想のキャラを演じたり、なんとか目立とうと無理をしたり、不安におびえたりする必要は、まったくありません。

他の面接本を「参考書」とするならば、本書は「教科書」となることをめざしました。面接の本質や構造の理解を最優先し、安易な「正解」を示すことは極力避けています。それゆえ、「どこにも正解が書いてない！」と感じるかもしれません。しかし、面接は一種の対人コミュニケーションであり、一問一答的な解説には本来なじまないのです。アクロバティックな「正解」に惑わされることなく、面接試験を正しくとらえましょう。皆さんの面接に対する正確な理解が深まり、無用な不安を軽減できることを心から願っています。

CONTENTS

Chapter2 これから始める自己分析と仕事研究 43

Chapter5 自分の弱みを知り、不安を自信に変える 159

Chapter6 人物重視面接の最新トレンドを知る 187

装丁・本文デザイン　斉藤よしのぶ
装画・本文イラスト　大野文彰

Chapter1

面接は対人コミュニケーション

絶対的な「正解」のない面接にも、
押さえるべき「基本」はあります。
面接官の着眼点を知り、不安を解消しよう！

「こうすれば絶対合格!」といった「正解」はない

みんな面接が不安なんです!

「面接」と聞いて、皆さんはどんなイメージを抱くでしょうか。矢継ぎ早に厳しい質問をされて追い込まれてしまう「圧迫面接」や、数百人の受験者の中から選ばれるようなオーディションをイメージする人もいることでしょう。

私は現在短期大学で教員をしており、日々多くの学生から面接についての相談を受けています。前職(国立大学法人と人事院)では採用試験に関する業務を担当していたことから、公務員をめざす学生に模擬面接を行うことも多いのですが、みんな例外なく訴えます。**「先生、面接が不安なんです」**と。本書をお読みの皆さんも、同じような気持ちなのではと拝察します。未知なるものを恐れるのは人間の本能ですね。でも、心配はいりません。本書を通して面接を理解すれば、不安やプレッシャーをきっと軽くできるはずです。

面接の「正解」はどこにある？

さて、どうして皆さんは面接を恐れるのでしょうか。その原因の一つに**「面接の正解がわからない」**ということがあるのではないか、というのが私の見立てです。

皆さんはこれまでに高校や大学に入学するために「学力試験（入試）」を経験してきたと思います。入試を突破するための道筋は明確です。まず模擬試験では「偏差値」という客観的な指標で、学力面での自身の立ち位置を明確にすることが可能です。加えて参考書や問題集、志望校ごとの過去問などのツールが豊富にあり、それらをもとに自助努力を重ね、一定以上の点数を取ればOKというのが入試を攻略する基本的なルールでした。

一方、公務員試験における人物試験（面接）はまったく違います。まず、面接に偏差値はありません。**参考書（いわゆる「面接本」）はありますが、書いてある内容やノウハウは千差万別です。**元採用担当者である私から見れば「それ、本当なの？」と疑問に思う記載も散見されます。予備校や大学のキャリアセンターで模擬面接は体験できるものの、やみくもに面接の練習を重ねたとしても、本番で合格できる保証はどこにもありません。面接官との相性や当日のコンディションなど、面接には不確定要素がつきものだからです。

面接は「受験者と面接官のコミュニケーション」の場

以上のような面接におけるルールやゴールに至る道筋の不透明さ、言い換えれば「面接における正解のわからなさ」が、皆さんの不安の正体なのではないでしょうか。

そこでまず本書で押さえていただきたいのが**「面接は受験者と面接官の唯一のコミュニケーションの場である」**ということです。

ここで皆さんの一番仲の良い親友を思い浮かべてみてください。あなたはどうしてその親友と仲良くなったのでしょうか……。おそらく、論理的・客観的に説明するのは難しいのではないかと思います。

皆さんが親友と仲良しになった理由は「髪型をほめたから」とか「好きなアイドルがたまたま一緒だったから」など、一言で説明できるような簡単なものではないでしょう。もちろん、それらが一つのきっかけになったのかもしれませんが、人と人とのコミュニケーションにおいて「こうすれば誰とでも親友になれる」ノウハウなどないはずです。誰かと親友になったということは、お互いが有形無形のコミュニケーションを積み重ねた結果なのではないでしょうか。言い換えれば「よく知らないままの相手とは親友にはなれませんよね？」ということになるでしょう。

面接もこれと同じです。面接官はよく知らない受験者に合格を出せませんから、あの手この手で受験者のキャラクターを理解しようとしているのです。そのため、**あなたの人柄や魅力が伝わりやすいように、問われたテーマに答えながら会話のキャッチボールを重ねることが重要です。**必要以上に自治体・省庁をヨイショしたり、自分をよく見せようとしたりする必要はありません。

自分という人間をわかってもらうために

このように、コミュニケーションである面接では「Aと聞かれたならばBと応答すればOK！」といった「一問一答マニュアル」はなじみません。

それゆえ、**「面接官が何を言っているのか」ではなく「面接官は何が聞きたいのか」という視点で質問の意図を解釈しながら、自分自身をわかりやすく伝えていくという地道なコミュニケーションを図ること。**それが面接における唯一の「王道」である、というのが私の実感です。あくまで相手に自分という人間をわかってもらうための営みなわけですから「そんなに面接を恐れる必要はないのですよ！」ということを、まずは強調しておきます。

「自分の部下にしたい」と思わせる

面接官は「神」ではない

面接試験の合否を決定する面接官について、あなたはどのようなイメージを持っていますか？　常に客観的で鋭く受験者の人格や力量を見抜く、神様のような人物……。受験者の目にはそのように映るかもしれません。

しかし、**面接官といえどもあなたと同じ人間です。**採用担当者としての経験からも、その判断については、受験者の第一印象や性格的な相性などのフィーリングに左右されることはありえます。さらに言えば、面接官自身の当日の体調やそれまでの職業経験、ポリシーなどの主観的な要素も、面接の評価に少なからぬ影響を与えてしまうのです。

もちろん、面接官の主観が評価を左右することは好ましくありませんから、事前に面接官向けのトレーニングを実施する自治体や省庁もあります。逆説的に考えれば、人を評価するということは経験豊富な面接官でも大変難しいことなのです。

奇をてらわずに他の受験者と差をつけるには

繰り返しますが、面接官はあなたと同じ人間です。判断を誤るのも人間の常ですから、**いかに「この受験者を採用すればわが省・自治体が得をする」と思わせることができるかが重要です。**

面接試験シーズンとなれば、面接官は1日に数十人の受験者と面接をすることになります。近年は人物重視の傾向が強まっていることから、官庁訪問などを含めれば、本府省庁や規模の大きい自治体では面接官1人当たりトータルで100人を超える受験者を評価するでしょう。ですから、他の受験者と似たり寄ったりの自己PRしか言えない人や、面接本を読んで覚えてきた回答例をそのまま使用するような人は、面接官の印象にまったく残りません。

反対に、「奇抜なことを言って関心を引こう」というのも考え物です。先ほど述べたとおり、面接はあなたと面接官のコミュニケーションの場なのですから、**奇をてらうことなく「職場で活躍するあなた」について、面接官にイメージさせる必要があるのです。**

大事なのは「自分の部下にしたい」と思わせること

面接官の印象に残り、彼ら／彼女らから「合格」の判断を引き出すために**意識してほしいのは、面接官に「自分の部下にしたい」と思わせることです。**官庁訪問や最初の面接など、面接試験の前半では比較的若手の面接官が担当するケースが多いですが、最終的に合否の決定権を握っているのは管理職クラスの面接官です。彼ら／彼女らは職場で実際に複数名の部下を率いて仕事をしているわけですから、必然的に目の前の受験者について**「自分の部下とした場合に元気に働いてくれるのか」**という視点で評価をするのです。

公務員における管理職といえば、現状では50歳代前後の男性職員がマジョリティでしょう。その世代の意見を知るために、自分の父親やゼミの指導教員などに意見を聞いてみるというのも有効です。

管理職は「育てがいのある部下」を求めています！

とは言え、職場もいろいろ、上司もいろいろですから、「自分の部下にしたい」という感覚には多少のずれはあるでしょう。それでも、最低限押さえるべきポイントはあります。

たとえば、民間企業の管理職・経営層を対象としたある調査では、「働きやすい部下のタイプ」について「何のために、なぜやるのか?という課題設定力、問いを立てる側の視点に立ち協力できる」などとされています。反対に「上司が困る部下」の共通点としては、「指示待ち」「文句が多い」「報告が遅い」などが挙げられています❶。自分の頭で問いを立て、周囲を巻き込む姿勢は官民問わず必須といえます。特に昨今は行政課題が高度化する一方で公務員の数は削減される傾向にありますので、どこの職場でも「指示待ち人間」を抱える余裕はありません。**自発能動型の人材は、公務員の職場でもますます求められます。**

そのため、面接では「デキる部下」であるあなたをイメージできるように、マニュアルの受け売りでない自分自身の言葉で語ることや、後ほどChapter2で解説するような緻密な自己分析と仕事研究に基づいた独自の見解を示すことが問われるのです。

言い方を変えれば**「この子は育てがいがありそうだ」「この人と一緒に働いてみたい」といった感想を面接官が抱くことができるか、**そこが強く問われるということです。逆に、どれだけすばらしい自己PRや感動的なエピソードを述べたとしても、これらのポイントを外してしまっては「優秀そうだけど、部下としてはどうかな?」と面接官に迷いが生じてしまい、合格と判断できないことになります。

❶「エグゼクティブの"理想の部下"に関する意識調査」(株式会社 経営者JP、2019年)

「職場にフィットして活躍してくれる」と思わせる

職場にフィットするのは簡単そうで難しい

面接官が合否を判断する第二のポイントは、**「職場にフィット（適応）して活躍してくれるかどうか」**ということです。たとえ自分の部下として必要な能力があったとしても、周囲の同僚や先輩とトラブルが絶えないようでは、とても仕事を任せることはできません。職場で調和を図る能力があるか、苦手な相手ともそれ相応にコミュケーションが図れるか、と言い換えてもよいでしょう。

特に近年は公務員の職場でも、対人トラブルや仕事上の問題などにより心身の不調を抱え、休職するケースが増加傾向にあります。「職場にフィットするなんて当たり前じゃないか」と思うかもしれませんが、面接官の視点で考えれば非常に重要かつセンシティブな問題なのです。

面接官が求める「コミュ力」ってどういうこと？

もう少し「職場にフィットする」ことについて考えてみましょう。公務員に限らず職場というものは、学生時代と違って、異なる年齢（世代）や異なる性別などの「異質な人」の集団です。その中で活躍しようとするならば、**あらゆる人ともそれなりにうまくつきあっていける「コミュニケーション能力」が必須といえます。**

コミュニケーション能力は民間企業の就活における「採用選考で重視する点」として、各種の調査でも長らく1位であり続けています❷。官民問わず新人の最初の仕事は毎朝元気に出勤して仕事に励むこと、困ったときは周囲の先輩や上司に相談することです。ましてや仕事の抱え込みは厳禁ですから、コミュニケーション能力が重視されるのです。

面接では真っ先にこの点が問われます。そのため、延々と独りよがりな自己ＰＲを繰り返すことは控えましょう。まずは「失礼します！」と元気に入室することから面接は始まります。面接官からの質問に窮してしまうときは正直に勉強不足であることをおわびすることも必要です。Chapter3以降で解説しますが、**志望動機や自己ＰＲも「自分はコミュニケーション能力を有しているのだ」ということを証明するという視点が大事なのです。**

❷「2018年度　新卒採用に関するアンケート調査結果」（日本経済団体連合会）によれば、選考に当たって特に重視した点について、「コミュニケーション能力」が第1位（16年連続）、「主体性」が第2位（10年連続）、「チャレンジ精神」が第3位（3年連続）となっています。

現場で活躍する人材は人間関係の調整がうまい

私は人事の仕事を長く担当しましたが、公務員の職場でもメンタルヘルスの問題は発生しています。後ほどChapter3・5で解説するとおり、メンタルヘルス不調の背景には、職場の人間関係や過重労働など複合的な要因がありますが、いずれも一朝一夕に解決できるものではありません。こうした厳しい現状があるということは認識しておきましょう。

こうした状況下では、**困難なときでも自分なりにストレスをコントロールできる人、上司の懐に飛び込んで話ができる人、そして何より苦手な相手ともそれ相応のコミュニケーションが図れる人が重宝されるのです。**あなたはこれまでに、トラブルを一人で抱え込んでしまったり、ついつい苦手な相手を避けたりすることで、問題がこじれてしまったことはありませんか？　上手に他人を頼り、時には大勢の人を巻き込みながら業務を遂行することは、これからの公務員には必須のスキルです。大学のゼミ・サークル活動やアルバイトなど「他者と接する機会」であれば、なんでもけっこうです。そうした機会を活用して、他者との関係を意識しながら過ごすことで、人間関係調整のスキルは確実に身につきます。今からできる範囲で練習しておきましょう。

コミュニケーションの癖やストレス解消法について見直してみよう

逆に考えれば、**まじめだけれども融通が利かない人や自分の好きな人としかコミュニケーションをとれない人は、たとえ公務員に採用されたとしても苦労が絶えないでしょう。**もちろん個人の価値観や性格は誰からも否定されるべきものではありませんが、これらのスキルは面接に合格するだけでなく、社会人として組織に適応するのに役立つものばかりです。可能な限り習得できるよう努力しましょう。

また、この機会にストレスとのつきあい方も見直したいものです。皆さんはコロナ禍での自粛生活で多大なストレスを抱えていたはずですが、あなたなりのストレス解消法はありますか？　たとえば友人とおいしいものを食べに行く、カラオケで大好きなナンバーを歌いまくるなどでもよいでしょう。ストレスと上手につきあう方法を見つけてください。

面接官が求めるのは「完璧な人間」ではありません。誰しもコミュニケーションに「癖」があることは、百も承知です。**重要なのは、あなたがコミュニケーションの癖や傾向、ストレス解消法などについて客観視し、少しでも改善しようとする姿勢があるかどうかです。**前向きに改善する姿勢が、職場にフィットして活躍する公務員への第一歩になります。

一般的な評価基準と新しい動き

面接の評価基準を知る

それでは、面接の具体的な評価基準を見てみましょう。まずは25ページに掲載している「個別面接評定票の一例」を確認していきます。この評定票は、27ページで説明する「コンピテンシー評価型面接」で使用されているものですが、従来型の面接でも基本的な評価のポイントは変わりません。

ここまで「コミュニケーション能力が重視される」と繰り返し述べていますが、評定票の「コミュニケーション力」の欄には「表現力」と「説得力」と書かれています。さらにその着眼点として**「相手の話の趣旨を理解し、的確に応答しているか」「話の内容に一貫性があり、論理的か」**など、実際に面接でチェックすべき項目が設定されています。これは、面接の公平性を保ち面接官間の評価のぶれを防止する意味があるのです。

個別面接評定票

第１次試験地	試験の区分	受験番号	受験者氏名
人物試験の試験地	試験室 第　　　室	実施年月日 平成　年　月　日	試験官氏名

［必須評定項目］　必須評定項目の評定に当たっては、次の尺度にしたがって該当する箇所にＶ印をつけてください。

評定項目		着眼点	評定
積極性	意欲 行動力	○ 自らの考えを積極的に伝えようとしているか ○ 考え方が前向きで向上心があるか ○ 目標を高く設定し、率先してことに当たろうとしているか ○ 困難なことにもチャレンジしようとする姿勢が見られるか	優　普通　劣
社会性	他者理解 関係構築力	○ 相手の考えや感情に理解を示しているか ○ 異なる価値観にも理解を示しているか ○ 組織や集団のメンバーと信頼関係が築けるか ○ 組織の目的達成と活性化に貢献しているか	優　普通　劣
信頼感	責任感 達成力	○ 相手や課題を選ばずに誠実に対応しようとしているか ○ 公務に対する気構え、使命感はあるか ○ 自らの行動、決定に責任を持とうとしているか ○ 困難な課題にも最後まで取り組んで結果を出しているか	優　普通　劣
経験学習力	課題の認識 経験の適用	○ 自己の経験から学んだものを現在に適用しているか ○ 自己や組織の状況と課題を的確に認識しているか ○ 優先度や重要度を明確にして目標や活動計画を立てているか ○ 他者から学んだものを自己の行動や経験に適用しているか	優　普通　劣
自己統制	情緒安定性 統制力	○ 落ち着いており、安定感があるか ○ ストレスに前向きに対応しているか ○ 環境や状況の変化に柔軟に対応できるか ○ 自己を客観視し、場に応じて統制することができるか	優　普通　劣
コミュニケーション力	表現力 説得力	○ 相手の話の趣旨を理解し、的確に応答しているか ○ 話の内容に一貫性があり、論理的か ○ 話し方に熱意、説得力があるか ○ 話がわかりやすく、説明に工夫、根拠があるか	優　普通　劣

［プラス評定項目］　次の評定項目について該当するものがあればその箇所にＶ印をつけ、プラスの評価として判定に反映させてください。

- □ 問題発見能力
- □ 企画力
- □ 決断力
- □ 危機への対応力
- □ リーダーシップ
- □ バランス感覚、視野の広さ
- □ 創造性･独創性
- □ 高い倫理性、社会的貢献への強い自覚

判定	［自由記入欄］	［対象官職への適格性］ 該当する箇所にＶ印をつけてください。

大いにある	かなりある	ある	劣る	ない
A	B	C	D	E

【主任試験官の記入欄】

［総合判定の理由］

［総合判定］

該当するものを○で囲んでください。

A	B	C	D	E
合		格		不合格

評価基準を意識した対策が不可欠

「面接ではここまで細かい着眼点が設定されているのか！」と驚いたでしょうか。面接では具体的な言葉の応答を通して、あなたが着眼点に掲げる項目と合致した人物であるということを伝えなければいけません。

たとえば「これまで力を入れてきたことは何ですか？」と質問されたとします。面接官は単に興味本位であなたの経験を聞きたいわけではありません。この質問で言えば、評定票の「経験学習力」の着眼点にあるように**「自己の経験から学んだものを現在に適用しているか」について評価したいのです。**ですから「はい、スイーツの食べ歩きです！」というだけの回答ではダメなのですね。

とは言え、ご覧のとおり評定項目や着眼点は多岐にわたります。あくまで評定票を意識しながら、回答が的外れにならないように、一つひとつの経験について整理しましょう。

また、すべての面接が終了した後は、面接官全員が評定票を持ち寄って合否の判定会議を行います。仮に誰か一人が×（最低点）をつければ合格は極めて難しくなりますので、どの面接官からも大きな疑義を持たれることのないクオリティをめざす必要があります。

「コンピテンシー評価型面接」に備える

近年、新たな面接の手法として「コンピテンシー評価型面接」が実施されることが多くなっています。これは、**受験者の過去の行動を深掘りして質問することにより「そのときどう行動したか」「その結果どのような成果が得られたのか」について把握するものです。**

従来の面接では「〇〇についてどう思うか」などの「受験者の考え」を問うものが中心でした。しかし、主観的な考えはいかようにも取りつくろうことは可能です。コンピテンシー評価型面接には、主観的な判断や恣意的な評価を避ける目的があります。また、面接ではすべての受験者を同じ面接官が評価するわけではないので、客観的な行動に着目することにより、面接官間の評価のぶれを防止するという効果も期待されるのです。

対策としては、自己分析で過去の体験を整理する際、「サークルで部長を務めた」といった事実だけにとどまるのではなく「部長を務める中で**〇〇という面で成長した**」「部長の役割を通して学んだ□□が**公務員としての△△の業務に活用できる**」という視点で整理することです。「その経験から自分がどのように成長したのか」という視点は、コンピテンシー評価型だけでなく従来型の面接対策でも極めて重要なので、常に意識してください❸。

❸そのほか、採用担当者向けのコンピテンシー面接に関する本を読んで、理解を深める方法も有効です。たとえば、『まんがでわかるコンピテンシー面接』（川上真史・齋藤亮三著、弘文堂）は、コンピテンシー面接の目的や構造などをわかりやすく解説しており、面接官の視点や実際の面接における流れをつかむことができます。

熱意が空回る独りよがりな失敗を防ぐ

結局、「合格」の基準って？

面接に臨むあなたは、決してずば抜けて「すごい人」や「優秀な人」である必要はありません。もちろん社会人として最低限の能力は求められますが、あくまで面接官に「この人と一緒に働きたい」と思ってもらえるかが、唯一と言ってよい面接を突破するためのルールなのですから。

一方、面接で必要以上に自分の実績や経歴を盛りに盛ってアピールする受験者も多く見られます。しかし、面接官が知りたいのは、これまで述べたとおり「部下としての適性」であり「職場へのフィット感」なのです。自治体・省庁によって具体的な採用基準は異なるので断言はできませんが、**総じて受験者の能力や実績（○○ができる人か）よりも、その人柄やキャラクター（信頼に足る人か）を重視していると考えて間違いありません。**

なぜ面接官は人柄を重視するのか

民間企業を対象にした調査によれば、企業が採用基準で重視する項目の1位は「人柄」(93・8%)で、以下「自社への熱意」(78・9%)、「今後の可能性」(70・2%)の順でした❹。能力よりも人柄を重視するのは、官民問わずスタンダードであるといえるでしょう。

それでは、なぜ面接官は人柄を重視するのでしょうか。それは**「仕事はチームで行うのが基本」だからです。**特に正確性や公平性が求められる公務員の職場では、個々人が成果を競うのではなく、チームでまとまって大きな力を発揮することが必要不可欠です。時には縁の下の力持ちや黒衣《くろご》のような役割に徹することのできる人が求められているのです。

公務員の職場でも人事評価制度が導入され、昇任や昇給にもその結果が反映されています。しかし、そこでも「組織への貢献」や「チームワーク」が大きなポイントになっています。**面接は自分たちの仲間探しの場であるわけですから、面接官に「一緒に仕事がしたい」と思わせることは、極めて合理的なのです。**

4番バッターやエースストライカーだけ集めても強いチームは作れません。異質な人どうしがお互いを尊重しながら働くのが、健全な職場の姿といえるでしょう。

❹『就職白書2023 データ集』(就職みらい研究所、2023年2月)

公務員試験と民間企業就活、面接はどう違う？

求める人材像の基本は変わらない

結論を先に述べれば、**公務員試験と民間企業の就活で、面接官が求める人材像に大きな違いはありません。**民間企業では企業ごとに求める人材像があり、「チャレンジ精神がある人」とか「〇年後の会社を背負っていける人」など言い方は異なりますが、「部下としての適性」と「職場へのフィット感」は常に考慮されています。さらには、これまでお話ししたとおり、受験者の人柄を重視する傾向は公務員でも民間企業でも同じです。

それゆえ、「部下として職場で問題なく活躍してくれるかどうかを見極める」という面接のプロセス自体に大きな違いはない、というのが実情といえます。

強いて言えば、**公務員試験の面接のほうが「固い」傾向にあります。**「長年の形式を堅持している」と言い換えてもけっこうですね。

基本を押さえることで公務員面接は攻略できる

昨今の就活は「売り手市場」と言われています。その中でより優秀な人材に振り向いてもらうべく、民間企業では試行錯誤しながらさまざまな面接手法を取り入れています。たとえば、入社を希望する全員と必ず面接を行うことや、オンライン（ウェブ）面接、AI面接、自撮り動画による自己PRなども珍しくはありません。「そもそも面接での評価と採用後の活躍についての相関関係は薄いのではないか」という議論すらなされています。

それに比べて、公務員試験の面接は従来型の対面面接が大勢を占めています。最近はウェブ面接（広島県、京都市、大阪府四條畷市など）、録画面接（神奈川県小田原市、福岡県古賀市など）、AI面接（新潟県村上市など）、一次受験者全員との個別面接（北海道旭川市、埼玉県狭山市など）などを導入する自治体が増えてきましたが、現状では少数派です。競争試験における法令上の定めに加え、採用担当者の人事異動、採用以外にさまざまな業務を兼任していることなどにより、抜本的な改革は容易ではありません。

これらは、**面接対策の基本にのっとった対策が十分有効であることの証拠でもあります。**突飛なことばかりを問われるわけではないですから、安心して対策を行いましょう。

国家も地方も同じ面接対策で大丈夫？

どの試験も採用したいと思うタイプは同じ

かつては、国が政策を立案し、都道府県を経由して基礎自治体がその運用を行うという時代もありました。しかし、地方創生が叫ばれる昨今、むしろ規模の小さな自治体ほど、政策などに独自性が求められています。つまり、国家公務員であっても地方公務員であっても、同じように「企画力」や「他人を巻き込む力」が問われる傾向にあるのです。

また、人の採用とは「組織の未来を描くこと」です。そのため、**面接官の基本的な視点（「部下としてどうか」「職場へのフィット感」）については、国家公務員であろうと地方公務員であろうと共通して問われます。**皆さんは現実的に多くの試験を併願すると思いますが、どの面接試験においてもこの2つの視点を忘れてはいけません。将来の幹部候補だとしても、最初は「一人の部下」なのですから。

国や自治体に特化した対策も必要

とは言え、国や自治体には、それぞれ固有の課題や政策が存在します。**志望する省庁や自治体にどのような課題があり、どのような解決策が想定されるのか。さまざまな情報源から自分なりの仮説を立て、面接官に語れるレベルが求められます。**

たとえば、都市部を除く多くの自治体では、人口の減少（若年層の都市部への流出）が共通課題となっています。いわゆる「消滅可能性都市」❺は全国の自治体の49・8％にのぼり、秋田県では大潟村を除いたすべての自治体が「消滅可能性都市」とされています❻。一朝一夕に解決できる問題ではありませんが、地方公務員の多くが遠からぬ将来直面する重要な問題です。あなたは面接で、自分なりの解決策を語ることができますか？

また、都道府県の面接で「住民とじかに接したいなら、〇〇市／特別区の職員がよいのでは？」「当県では人事異動で転居を伴う転勤もあるが、それがない政令指定都市を受験しなかったのはなぜですか？」「スケールの大きい仕事がしたければ、国家公務員のほうがよいと思いませんか？」などと突っ込まれることがあります。いずれもステレオタイプな回答では面接官は納得しません。あなたなりの明確な答えを準備しておく必要があります。

❺少子化や人口流出に歯止めがかからず、存続できなくなるおそれがある自治体のこと。具体的には「2010年から2040年にかけて、20～39歳の若年女性人口が5割以下に減少する市区町村」と定義されます。2014年に日本創成会議により指摘されました。

❻「ストップ少子化・地方元気戦略」（日本創成会議、2014年5月8日）

初回の面接と最終面接、心構えはどう違う？

採用は、「2億円の買い物」なんです

さて、あなたはなぜこのように面接が重視されると思いますか？　それは、**あなた一人を採用するのは自治体・省庁にとって「2億円の買い物」だからです。**

どこまで昇任するかなどの属人的な要素も関係しますが、公務員として新卒から定年退職まで勤め上げたとすると、トータルでおよそ2億円の経費が発生するといわれています。これは単純に月額給与や賞与、退職手当などを積み上げた金額ですので、たとえばあなたが参加する研修の費用など諸経費も加えるとすれば、さらに高い買い物になるでしょう。

さらには、現状では公務員については長期雇用が想定されていますから、**採用は次世代のリーダー候補を選抜する場でもあります。**自分のバトンを受け継ぎ、市民・国民のために汗をかけるかどうか。その判断を誤れば組織力の低下は免れませんので、面接官は限ら

れた時間の中で、懸命にあなたという人物について見極めようとしてきます。面接官も多大なプレッシャーを受けているというわけですね。

初回の面接でふるい落とされないために

通常の面接は、一次面接や最終面接などの段階を設けて複数回行われます。参加する面接官の役職もそれぞれ異なりますので、必然的に各段階における着眼点にも違いが出てきます。

初回の面接（一次面接や集団面接）では、主に面談シートや筆記試験の結果などの資料から読み取れないような、あなたの人柄を中心にチェックするのが一般的です。さらに言えば、公務員になる覚悟があるのかなどについて、目で見て判断しようとしています。

そのため、**まずは社会人としての基本的な立ち居振る舞いを意識しましょう。**この場で「わたし的には全然大丈夫です」「マジ、凹《へこ》んだっす」などと言ってしまえば、「住民対応でもこんな話し方をするのか……」と面接官は不安になってしまいます。

さらには、早口で何を言っているのかわからない、質問に対する答えが長すぎて会話のテンポが悪いなども命取りです。コミュニケーションの基本に気をつけましょう。

最終面接では「熱意」が重ねて問われる

最終面接（二次面接・幹部面接など）の面接官は、その組織の長や管理職クラスが面接官を務めます。自治体によっては首長が同席することもあるでしょう。

彼ら／彼女らはどんな人物でしょうか。少し考えてみましょう。面接官は長年その組織をリードしてきた管理職や、住民から選挙で選ばれたリーダーなわけですから、**その自治体や省庁への思い入れが人一倍強い人たちです。**よい意味での「組織大好き人間」ですので、必然的に求められるのが、その組織の一員になりたいというあなたの「熱意」です。

特に昨今は、一部の業界を除けば民間企業の就活が「売り手市場」となっており、公務員の志望者数が減少傾向にあります。採用内定後に内定辞退者が続出して、採用担当者が頭を抱える事態となってしまうことも珍しくありません。

そうした「内定辞退」を行わない人物か、本気で公務員になりたいという熱意があるか。最終面接の面接官は、あなたの熱意を見極めようと必死なのです。彼ら／彼女らに「自組織の将来を託せる」と納得してもらえるか。まだ未熟なあなたが今後成長し、活躍している姿を想像させることができるかが問われます。

形式的なマナーより安定したコミュニケーションが大事

言うまでもないことですが、どの段階の面接だろうと「安定したコミュニケーションがとれること」を外してしまえば、評価どころではありません。

初対面の面接官相手でも、目を見てにこやかに会話のキャッチボールができる、事前に準備した模範回答を暗唱するのでなく自分なりの言葉で語るなど、常に基本的なコミュニケーションが問われていると考えてください。

正直なところ、いわゆる「面接のマナー」についてはそこまで神経質になる必要はありません。ノックの回数を数えている面接官など、普通は存在しないのですから。**それより大切なのは、「たたけば響く」人物か、つまり職場で成長できる「伸びしろ」がある人物か、ということです。**

公務員の職場では市民・国民と直接接する窓口の仕事もありますし、そうした仕事でなくても部内の人間とは常にコミュニケーションを図って仕事を進めています。「この受験者は話しやすいな」「もっと彼/彼女の話を聞いてみたいな」。面接官にこのような感想を持ってもらえれば、おのずと面接はよい結果につながります。

地に足のついた受験者となれ！

質問の意図を汲むことは、実は日常的にやっている

「使える部下と思わせる」「職場にフィットすると思わせる」。そのために面接官の質問の意図を汲む……。「自分にはハードルが高いなあ」と嘆いているのではないですか？

大丈夫、よく思い出してください。**あなたは意識していないかもしれませんが、普段の会話の中でちゃんと相手の質問の意図を把握し、的確に応答しているはずです。**

たとえば友人から「調子どう？」と聞かれたとします。あなたはそのときの友人の表情や自分の置かれた状況を即座に把握しながら、「火曜のテスト、全然できなくってさあ」とか「花粉症がツラいんだよね」などと相手の聞きたいことに応じた答えを選択しているのではないでしょうか。通常の言語感覚で考えれば、その質問に対して「私はカレーが好きです」などとは答えませんよね。

面接官とのコミュニケーションも日常会話の延長と思え！

面接で緊張するのは、面接官のほとんどが初対面の年長者だからです。しかし、先ほど言ったとおり、**相手の質問の意図を考え応答するということは、普段友人や家族と行っている会話と基本的には変わらないのです。**

もちろん、面接は就職試験ですから人生設計に大きな影響を与えるでしょうし、日常会話ではトンチンカンな回答をしても、笑われるかスルーされるかで済むという違いはあります。しかし、「普段無意識で行っている行為を意識的に行ってみる」というロジックですから、訓練次第で誰でも上手になれる、と考えることも可能なのです。

面接は場数を踏むことで飛躍的に上達します。私は学生の面接練習を多く行いますが、一度本番の面接を経験した学生の成長ぶりは、筆舌に尽くしがたいものがあります。面接はまさに「習うより慣れよ」の世界なのですから、**大学のキャリアセンターでも友人相手でもよいので、意識的に質問の意図を考える経験を重ねてください。**96ページのTips2で解説しますが、民間企業の採用面接を経験してみるのもよいでしょう。そこで内定を得ることができれば自信につながりますし、格好のアピールの材料にもなります。

民間就活本の「面接大喜利」に惑わされるな!

以前、ある就活本の内容がネット上で話題となりました。面接での想定問答で「自分を物にたとえると何ですか」という面接官の質問に対して、志望企業の商品名を組み合わせた「**〝オロナイン〟をつけた〝ゾイジョイ〟です**」という回答が合格者の例だとするものでした❼。その本には「常識を打ち破る発想で言葉を考えないと、その他大勢から抜け出せない」というアドバイスが併記されていたのですが、X(旧Twitter)では1万数千件以上の批判的な内容のリツイートがなされていたようです。

「面接は対人コミュニケーション」という私の立場から言えば、この回答は大いに問題があります。確かに、この回答を最初にした就活生であれば、ユニークな発想を持っていると評価されることはあるかもしれません。このケースでは、面接官が個性的でクリエイティブな人材を求めていて、そこにフィットした可能性もあります。

しかし、仮にあなたがこの内容を真に受けて、志望自治体・省庁の面接で「オロナインをつけたソイジョイ」のように「大喜利《おおぎり》」的な回答をしても、合格には結びつかないでしょう。**奇をてらうばかりで、面接官にあなたの人物像がまったく伝わらないからです。**

❼『イッキに内定! 面接&エントリーシート 一問一答[2025年度版]』(坂本直文著、高橋書店)p.117

必ず刺さるマジックワードは存在しない

面接で大事なのは、あなたという人物をわかりやすく面接官に伝えるというプロセスそのものです。**真剣に自分と向き合い、公務員への情熱に燃えるあなたの本気度について、言語的なキャッチボールを重ねて面接官に伝えてください。**

そもそも公務員試験は、一部の経験者採用を除けば、職歴や技術を持たない学生を数多く採用しています。つまり、「即戦力」にならない人を喜んで迎え入れているのです。それはなぜでしょうか？　それは、皆さんの「潜在能力」や「熱意」が魅力だからにほかなりません。フレッシュな皆さんが主体的に自分自身の頭で考えて活躍することを、面接官は大いに期待しているのです。

一部の面接本やネット上では、「この質問には『○○』と答えればＯＫ」のように、安易な「正解」を示すものもあります。しかし、面接は対人コミュニケーションなのですから、マニュアルをコピペしたような薄っぺらな対策では、すぐにボロが出てしまいます。

これさえ言えば相手の心を打つことのできる「マジックワード」はどこにもありません。あなたの魅力は、あなた自身の言葉で地道に伝え続けるべきなのです。

Tips1

受付の人事はじっと見ている

私の採用担当者としての初めての仕事は「面接試験の受付」でした。その際、上司からは「受付をするときの受験者の態度をよく観察するように。何気ない言動から、面接では見られない受験者の人柄が垣間見えるから……」と指示を受けたのです。

「一生のかかった試験で、そんなに変な態度をとる受験者がいるのかな?」と疑問を抱きながらも、実際に対応してみてビックリ! あいさつはおろか、無言のまま受験票を投げつけるように提示する人や、私が「おはようございます!」と元気に声をかけてもうつむいたままの人など、バラエティ豊かな受験者が続出したのでした。

とは言え、彼ら/彼女らも、面接や集団討論の場では積極的に頑張っていたわけです。その後、私が軽い人間不信に陥ったのは、言うまでもありません。

20年ほど前の話になりますが、思い起こせば私が公務員試験を受験したときも、いろいろな受験者がいました。相手の目や顔を直視できない人(この人は本当に真横を向きながら採用担当者と会話していました)や、集団討論で突然「私はお役所仕事を一掃したい」などと行政批判を始める人、「昨日まで暴走族をやっていました」と言わんばかりのロックバンド氣志團を彷彿させるリーゼントの人などが、走馬灯のように思い出されます。彼ら/彼女らは今どうしているのでしょう?

話を戻せば、「面接の受付」のような目立たない場所でおかしな(非礼な)態度をとる受験者は、採用後も上司や同僚の見ていないところで関係者に同じような態度をとるのでは、と疑わざるをえません。実際に、面接の合否を判定する会議の席上で複数名が合否のボーダーライン上にいる場合、「受付での態度」が決め手となって不合格となる受験者もいました。

これは、面接対策というよりは人間としての最低限のマナーかもしれませんが、「面接試験では、始まる前から終わった後まで常に見られている」ということについて、心にとめておいてほしいと思います。

Chapter2

これから始める
自己分析と仕事研究

面接カードや三大質問の準備にマストな
自己分析＆仕事研究の手順をシンプル解説。
「公務員になりたい理由」に向き合おう。

面接突破のために自己分析が不可欠な理由

コンピテンシーを意識して自己分析を行う

面接官は、受験者の実際の仕事ぶりを見ることなく合否を判定しなければなりません。そのため、「仕事を頑張ってくれそう」「上司や同僚とうまくやれそう」という感想を抱かせるよう、あらかじめ自分の強みやアピールポイントを再確認し、それを裏づけるエピソードを語る必要があります。これが自己分析を行う大きな理由です。

その際に重要なのが、自分の強みにフィットする**「コンピテンシー」**を意識することです。27ページで簡単に説明しましたが、コンピテンシーとは「ハイパフォーマーの行動特性」とされ、「リーダーシップ」や「論理的思考」など外形的に発揮される諸能力です。

自己分析を行う準備作業として、ここでは経済産業省が定義している**「社会人基礎力」**❶を手がかりとして、あなたの経験から発掘できるコンピテンシーを探してみましょう。

❶「社会人基礎力」とは、「前に踏み出す力」「考え抜く力」「チームで働く力」の3つの能力（12の能力要素）から構成されており、「職場や地域社会で多様な人々と仕事をしていくために必要な基礎的な力」として、経済産業省が2006年に提唱しました。その後、「人生100年時代」ならではの切り口・視点が必要という認識のもと、これまで以上に長くなる個人の企業・組織・社会とのかかわりの中で、ライフステージの各段階で活躍し続けるために求められる力が「人生100年時代の社会人基礎力」と新たに定義されています。

自分の経験と関係するコンピテンシーを探す

能力	能力要素	能力の内容	行動例
前に踏み出す力(アクション) 指示待ちにならず、一人称で物事をとらえて自ら行動する力	主体性	物事に進んで取り組む力	「英字新聞を1日30分集中して読む」という課題を自分に課し、定期的にTOEICテストを受験して効果を可視化している
	働きかけ力	他人に働きかけ巻き込む力	ゼミ内で呼びかけ、コロナ禍で中止になった新入生歓迎会をオンライン形式で企画。翌年度から定例イベント化した
	実行力	目的を設定し確実に行動する力	未経験の空手サークルに入部。黒帯をめざして形などを地道に練習し続けた結果、1年かけて目標の初段に合格できた
考え抜く力(シンキング) 自ら課題提起し解決のためのシナリオを描く、自律的な思考力	課題発見力	現状を分析し、目的や課題を明らかにする力	オンライン授業のグループワークでは、課題の前提条件と最終目標を整理し、順序よく議論を進めることを提案した
	計画力	課題の解決に向けたプロセスを明らかにし、準備する力	ゼミの論文抄読会の作業計画をしっかり立て、メンバーと連絡を取り合いながら、早めに作業を進めることができた
	創造力	新しい価値を生み出す力	アルバイト先で、お客様の視点で商品のPOPを作成した。前例にとらわれすぎず、仲間からのアドバイスも反映できた
チームで働く力(チームワーク) グループ内の協調性だけにとどまらず、多様な人々とのつながりや協働を生み出す力	発信力	自分の意見をわかりやすく伝える力	ゼミの論文抄読会では、なるべく理解しやすいレジュメを作成した。結論から端的に述べることなども意識している
	傾聴力	相手の意見を丁寧に聴く力	アルバイト先の後輩からの相談には、忙しくても耳を傾けるように心掛け、あいづちやうなずきで話を引き出した
	柔軟性	意見の違いや相手の立場を理解する力	ゼミで意見をぶつけ合うことで、他の人と自分の考えの違いを知ることができた。他人の意見を取り入れる術も学んだ
	情況把握力	自分と周囲の人々や物事との関係性を理解する力	サークルのミーティングでは、他のメンバーが意見を出しやすいよう、真っ先に意見を述べる役割を担っている
	規律性	社会のルールや人との約束を守る力	当たり前のことだが、授業やアルバイトの開始時間に遅れないように時間管理するほか、レポートの提出期限は厳守した
	ストレスコントロール力	ストレスの発生源に対応する力	ストレスがたまる前に休んだり趣味の音楽を聴いたりして気持ちを切り替えた。トラブルは成長の機会ととらえている

参考：社会人基礎力（経済産業省） https://www.meti.go.jp/policy/kisoryoku/index.html

自己分析はキャリアビジョンの明確化にもつながります

自分の経験に基づいた強みを公務員の職場で役立つ能力（コンピテンシー）と関連づけてどのようにアピールできるか、最初はなかなか思いつかないかもしれません。しかし、人は常にさまざまな経験から学び、成長していきます。この機会に、ごく平凡なことから最大限努力したことまで過去の経験を振り返り、その意味づけをしっかり行いましょう。

一方、自己分析は面接試験を突破するためのものと思われがちですが、**「自分の適性を把握し、可能な限り自分にマッチした仕事を探す」ために行う**という側面もあります。

大学卒で就職した人のおよそ3割が、就職後3年以内に離職するというデータがあります❷。公務員の世界でも、昔に比べて若手職員の早期退職が増えているようです。たとえやりがいのある仕事がたくさんあったとしても、自分と向き合う努力を怠った結果、採用後に「思っていた職場と全然違う！」と愕然《がくぜん》としてしまう……。このようなリアリティ・ショックが若者の早期退職の一因となっているのでは、というのが私の見立てです。

自己分析には、自分の過去の経験などから「私はどんなことに喜びややりがいを感じるのか」「自分の譲れない信念は何か」などについて客観視するという意味もあるのです。

❷「新規学卒就職者の離職状況（令和２年３月卒業者の状況）」（厚生労働省、2023年10月20日）

決して面接でカッコいい回答をするためだけに行うものではありません。

こんな自己分析では意味がない！

「私はこれまで生徒会長やサークルの幹事長を務めてきました。その経験から私は周りの人の笑顔を見ることが好きだということに気づきました。そこで公務員となった暁《あかつき》には、笑顔にあふれた県民を増やせるように頑張りたいと思います！」

面接カードの記述や面接の応答でありがちな自己PRですが、限られた経験（生徒会長・幹事長）を「人を笑顔にさせることが好き」という志向に直結させているため、**「周りの人の笑顔を見るのが好き→県民を笑顔にしたい」と、論理が飛躍しています。**

また、**このロジックでは別に「公務員」を志望する必然性は感じられません。**「公務員」の部分を「営業職」や「お笑い芸人」として、そのほかの表現に若干の修正を加えれば、どこの面接でも使える抽象的な自己PRになってしまいます。つまり、せっかく時間と労力をかけて自己分析を行ったとしても底の浅いレベルにとどまってしまい、あなた自身の人柄や「公務員になりたい！」という熱意がまったく伝わらないことになるのです。あなたはなぜ多くの職業の中から公務員をめざしているのか、考え抜かないといけません。

3ステップで自己分析をやってみよう

誰でも簡単にできる自己分析の手順

就職活動で行う自己分析は、自分の過去の経験の棚卸しから始まります。なぜならば、具体的な経験が、後述するガクチカや自己PR、志望動機の根拠となるからです。根拠のない自己PRなどは単なる「思いつき」です。そのような付け焼刃的な回答では、深掘り質問された際に言葉に詰まってしまい、面接官を納得させる回答ができなくなってしまいます。それゆえ、過去の経験の振り返りや意味づけを最も重視するのです。45ページで紹介したコンピテンシーとの関連性も意識しながら、具体的な方法を考えていきましょう。

たとえば「仲間とのサイクリングが好き」「クラス全員で行う学園祭の準備が楽しかった」などの経験を振り返り、「みんなで何かを作り上げるということに喜びを感じる」といった自分なりのストーリーを再発見します。この際、なるべく多くの経験を洗い出すことがポイントです。

すぐに過去の経験が思いつかない場合は、**「大学時代に頑張ったこと」「これまで熱心に取り組んだこと」「過去最大の失敗談」**などを自問自答して、複数書き出してみましょう。

書き出せたら、「周囲と協力して目標を達成することが好き」「入念に計画を立て事前準備をしてトラブルに備えるのが得意」などの**共通項的なストーリー**が描けるかについて検討してみます。ある程度ストーリーが明確になったら、**志望自治体・省庁の具体的な業務とのつながり**を探ります。「私の○○という資質を□□県の△△という業務に◎◎という方向で活用したい」というロジックです。ここで論理が飛躍しないためのポイントは、「自己分析の結果が実際の仕事内容にフィットしているか」ということです。あなたの強みがどんなにすばらしいものでも、公務員の仕事と関連性が浅ければ意味がないのですから。

「仕事との関連性が難しい……」と感じる人は、もう一度経験の中で発揮してきたコンピテンシーを思い返してみましょう。先に解説したように、コンピテンシーは「社会で活躍するための基礎力」です。「主体性」や「課題発見力」など、あらゆる仕事に応用可能です。これまで発揮したコンピテンシーについて、これからどう活かしていくかを考えることで、Chapter3で解説する「面接カード」の下地が自然と出来上がっていきます。

実践・3ステップで考える自己分析

それでは、これまでのまとめの意味で自己分析を実践してみましょう。51ページの例をご覧ください。この時点では、時系列や細かい表現などはあまり気にしなくてOKです。まずは**「過去の経験・エピソードの洗い出し」**です。時系列や経験自体の成功・失敗にこだわらずに、どんどん書き出しましょう。例のように「保育園の頃に虫の観察に没頭」といったレベル感でかまいません。

次に、**それらの経験から描けるストーリーを探ります。**ここでの注意点は**「自分の性格や経験を美化しない」**ということです。例で言えば、「友人の数が少ない」ことを認識しつつ、数は少ないけれども「信頼できる友人がいる」というストーリーを紡《つむ》ぎ出しています。

最後に、ストーリーを「インターンシップで見聞きした業務課題」や「住民や利害関係者と折衝する業務」などの**具体的な業務内容に関連づけられるかを検討します。**

ここまでのプロセスで、面接における三大質問（ガクチカ・自己PR・志望動機）対策のたたき台レベルのものが出来上がっているはずです。嫌な経験や失敗談も自分のカードとして並べたうえで、どのカードを切るのか戦略を練りましょう。

3ステップで考える自己分析の例

Step1 過去の経験・エピソードの洗い出し

・保育園：虫捕りが大好き。虫の観察に没頭する。親に怒られても、自分が納得するまで虫の観察をやめなかった（母談）
・小学校低学年：足し算や掛け算に夢中になる。算数には時間を忘れるほど集中力を発揮して得意になった
・小学校高学年：友人の数は少ない。「クラス全員で仲良く」というのは苦手だったが、昆虫採集仲間のＡ君・Ｂ君とは現在も親友関係が続いている
(中略)
・高３：クラス委員を押しつけられてしまう。まとめ役は苦手だったが、担任の先生からいつもほめられたことが自信につながった
・大１：生物サークルの会計を務める。手書きの支出簿をExcelで自動計算化し効率化を図った。「仕事が格段に楽になった」と高評価を得た
・大２：進路や人間関係に悩み学生相談室でカウンセリングを受ける。信頼できるカウンセラーに会ったことをきっかけに、人を支援する仕事に興味を持つ
・大３：地元市役所でのインターンシップに参加。担当の係長がしっかりとフォローしてくれて、まさに理想のリーダーだと感じた

Step2 上記から描けるストーリー

・集中力がある！
・目標に向かって地道に努力できる！
・冷静な現状分析と業務改善ができる！
・信頼できる友人がいる！
・適切な支援を受けて成果を挙げられる！
・問題を一人で抱え込まないで他人に相談できる！

Step3 具体的な業務内容に関連づける

・インターンシップで見聞きした業務課題は？
・住民や利害関係者と折衝する業務への関心は？

これらの自己分析を、**Chapter3**のp.77「ガクチカ・自己PR・志望動機を関連づける」の図解に発展させることができます。

他己分析で自分の知らない自分がわかる

「自分」がわからなければ「他人」に聞いてみよう

そうは言っても、わかっているようでよくわからないのが「自分」というものです。あなたも、「自分はこういう人間だ」という自己評価と、友人などからの他者評価が食い違った経験はありませんか？

私は、よく友人から「飄々《ひょうひょう》としている」と言われます。職場の上司や先輩からは「まじめでまっすぐな性格」と評されてきました。どちらも自己評価の視点からは違和感があるのですが、複数の他者からフィードバックされるところを見ると、どうやら世間ではそのようなキャラクターに見えるようです。

自分をよく知る身近な人に「私ってどんな人間？」と聞くことを「他己分析」といいます。一見他人任せな方法に思えるかもしれませんが、職場の人事評価などは、まさに他者による評価です。つまり、**職場では「他人から見たあなた」が「本当のあなた」という側面があるわけですから、他己分析は非常に合理的な方法といえるのです。**

他己分析で気づく予想外のギャップ

せっかく他者に自分のことを聞くわけですから、「自分ではよくわからない自分」に関連する項目について聞いてみるのが効果的です。

「記憶に残っていない昔の行動や経験」「長所や短所」「他人からはどのような人に見えるか」「印象に残っているエピソード」などは、なかなか客観視できないことが多いものです。この機会にあなたをよく知る人たちから有用なフィードバックをもらいましょう。

効率的に他己分析を行うためのツールも数多く存在します。たとえば、就職支援会社のマイナビが提供する「お願い！他己分析」というサービスでは、スマートフォンでＬＩＮＥやメールを利用して、自分の長所や短所などを含めたアンケートについて、複数の友人や家族などに回答を依頼することができます❸。

注意点は、あくまで客観的な意見が欲しいわけですから、親きょうだいに頼む場合は冷静なフィードバックをしてくれるようにお願いすることです。また、思いもよらない他己

❸「お願い！他己分析」（マイナビ 2025）
https://job.mynavi.jp/conts/2025/analyze/

分析の結果にギャップを感じることやショックを受けることもあるでしょう。しかし、そうした内容にこそ、あなた自身の根幹につながるヒントが隠されています。つらいかもしれませんが、それらのギャップなどから目を背けてはいけません。

第三者である他者が感じたあなたに対する印象は、同じく第三者の面接官とも重複する部分が多いのです。その意味でも、他己分析の結果は最大限活用しましょう。

他己分析を自己分析に役立てるには

他己分析の協力者として、長年育ててくれた親やつきあいの長い親友など、あなたの人となりをよく知る他者を数人ピックアップしましょう。**関係の長さに加え関係の深さがあることがポイントです。**また、正確なフィードバックをもらうためには、具体的に尋ねることが必要です。ネットのツールを使う、自作のアンケート用紙を渡すなど、より多くの情報を収集できるようにしましょう。

ここで「分析を行うのはあなた自身である」ことを忘れてはいけません。**他己分析の結果をうのみにするのでなく、必ず自己分析の結果と照らし合わせるなど、自分なりに解釈を加えることが重要です。**たとえば複数の他者から「要領よく物事をこなすタイプ」と評されたのに対して「物事にじっくり取り組む」という自己評価を行っている場合、両者には明らかにギャップが生じています。そのギャップがどうして生じるのかなどを冷静に吟味することで、視野が広がり、面接に向けて取るべき行動が明らかになるはずです。

「自己分析・他己分析の森」で迷わないために

本来、「自分自身はどんな人間か」というテーマは非常に壮大です。哲学的な議論でもありますから、どこまで考えようとも結論は得られないでしょう。

自己分析や他己分析については、筆記試験対策や民間企業の就活準備などと並行して行うこととなりますので、時間や労力をかけすぎるのも考え物です。**どうしても自己分析が進まない状況に陥ったら、いったん保留にして先に仕事研究を行いましょう。**自治体・省庁の説明会などに足を運び、実際に公務員として働く人たちと接する中で自分が見えることもあります。机に向かって悩むことだけが自己分析ではありません。

自己分析や他己分析は、それ自体が目的ではないのです。重ねて言いますが、「私はこんな人間です！」と面接官に説明するためのネタ探しなわけですから、「自己／他己分析の森」に迷い込まないように、ある程度のところで折り合いをつけることも必要です。

志望動機を固めるための仕事研究

自己分析と仕事研究は車の両輪

「ウチでどんな仕事をやりたいの？」「採用後のキャリアプランを聞かせてください」。いずれも面接試験では定番の質問です。あなたはどう答えようと考えていますか？

「私はいったい何をしたいの？」「自分には何ができるのかな……」などと考えようにも、公務員の具体的な職種や業務内容についての知識がなければ、まったく見当がつかないでしょう。このように、自己分析に加えて仕事研究を行わなければ自分の将来像が見えてきません。それゆえ、面接試験を突破することが難しくなるのです。

面接試験での質問をざっくりまとめれば、「あなたはどんな人なんですか？」という「あなた自身のキャラクター」を問うもの、さらには「あなたは仕事ができますか？」という「公務員の仕事への適性」を問うものの2種類に大別できます。主に前者に対応するのが

「自己分析」で、後者に対応するのが「仕事研究」であり、まさに両者は車の両輪です。

受験まで1年以上あるならインターンシップ参加を

仕事研究の情報源は、書籍、志望自治体・省庁のウェブサイト・SNSや採用パンフレット、業務説明会などの採用イベントならびにインターンシップが挙げられます❹。

民間企業においては現代の就活に不可欠なプロセスとして**「インターンシップ」**が実施されていますが、公務員の採用活動においてもその存在意義は増しています。2020年以降は新型コロナウイルス感染症対策を契機に、オンライン形式でのインターンシップも一般的となってきました。大学等を通じて申し込む、ネットの受付サイトから申し込むなどの方法があり、時期や参加可能な学年も実施先によりさまざまです。

もし、あなたが3年生以下でまだ申込みが間に合うなら、ぜひチャレンジしてください。「百聞は一見に如《し》かず」と言うとおり、公務員の職場に身を置く経験は何物にも代えがたいものです。**そこで感じた職場や自身の課題については、そのまま仕事研究や自己分析のネタになります。**周囲の職員の働きぶりを観察することで、「働き方改革」などの社会問題への独自の視点も磨かれるでしょう。

❹実務教育出版のウェブサイト・X（旧Twitter）でも、国家公務員・地方公務員の説明会（セミナー・ガイダンス等）情報を発信しているので、参考にしてください。
実務教育出版　公務員試験ニュース
https://www.jitsumu.co.jp/gokaku_navi/news/
X（旧Twitter）：@jitsumuweb

仕事研究を甘く見た人の末路

親が公務員だから仕事研究はバッチリ？

親きょうだいが公務員の場合、身近に情報源がいるという点で、一種のアドバンテージといえるでしょう。公務員の生の声・本音を聞けるという点では、確かに有利です。

しかし、人事異動があれば転職と同じぐらい環境が激変することも珍しくないのが公務員の職場です。現職者による経験談は非常に有益な情報であることには間違いないのですが、**公務員の仕事内容を話してくれる人自身もすべての仕事を語り尽くすことはできない**という事実は、認識しておきましょう。

国家公務員と地方公務員、さらには中央省庁と地方出先機関など、前提条件次第で職場環境は大きく異なります。私も国立大学法人と人事院という2つの職場に勤務しましたが、公的な職場でもところ変わればカルチャーショックの連続でした。身近な人の経験談も一情報でしかありませんので、多角的な情報収集が欠かせないことには変わりありません。

合格できれば仕事内容はどうでもいいの？

「安定第一の公務員になれれば、仕事内容はなんでもいい！」。あなたはそう思ってはいませんか？　**「公務員になりたいのが第一で、仕事内容なんて深く考えていなかった」**というのが多くの公務員志望者の本音かもしれません。

実は、かつて公務員試験を受験した私も同じ気持ちでした。当時は就職「超」氷河期と言われており、大学卒業後にフリーターとなる友人も少なくありませんでした。「勝ち組・負け組」という言葉が流行したこともあって、社会に対して前向きな気持ちになれなかったことが、今でも強く記憶に残っています。恥ずかしながら「公務員になれば人生勝ち組！」とばかりに、受験可能な試験に手当たり次第挑戦していたというのが実情です。

そんな私ですが、ひょんなことから国家公務員Ⅱ種（現在の国家一般職大卒程度）試験に合格し、当時は国家公務員だった国立大学職員として採用されました。仕事研究を怠っていた私は、てっきり教務の窓口で働くのだとばかり思っていましたが、予想外に人事の仕事を担当することになりました。人事と言ってもさまざまな仕事があり、Ｅｘｃｅｌを駆使して職員の名簿を作成したり、電卓を片手にひたすら教職員の給与を計算したりする日々が続きました。新人ですので、今では考えられない失敗をし、動けば怒られ止まれば怒られる日々の中で、**「こんなはずじゃなかった……」と心身ともに疲弊していきました。**「この仕事で食べていく！」という決心も何もなかったので、心のよりどころがなかったのが最大の敗因です。

仕事研究の完成度が高い人は職場への定着もスムーズ

一方で、意欲的に働いている友人や同期のメンバーもおり、心底うらやましいと感じていました。今にして思えば、彼ら／彼女らも私と同様のプレッシャーを感じていたのでしょうが、**採用前から「自分が採用後にどんな仕事をする可能性があるか」といったビジョンが（少なくとも私よりは）明確でした。**

「どこで（国ｏｒ自治体、本省庁ｏｒ地方機関など）」「何をして」働くかなどについて、「こんなはずじゃなかった！」というリアリティ・ショックをできる限り減らすことが、採用後の定着を図るうえでも重要な意味を持ちます。さらに言えば、公務員として採用後に、朝から夕方まで過ごす場所は職場です。「一日の大半、自分は何をして過ごすのか」

を知るというだけでも、仕事研究を行う意義はあるのです。

イマイチ仕事研究が気乗りしないあなたに伝えたいこと

さて、私自身は紆余曲折《うよきょくせつ》を経て「人事」という仕事が現職につながっていますので、過去を悔やむ気持ちはまったくありません。しかしそれは結果論であって、同期のメンバーの中には心身の不調から休職と復職を繰り返すことになった人や、退職した人もいます。

その原因がすべて「仕事研究を怠ったから」とは言いすぎなのですが、**自分が関係するであろう仕事の内容について事前に研究し腹落ちさせておくことは、ワークキャリアを形成するうえで極めて重要です❺。**最初に「公務員になりたい」という感情ありきなのは決して悪いことではありません。ただしその場合でも、試験対策を行う中で公務員という仕事と向き合い続け、採用後に活躍するための力を自ら育成しましょう。

とにかく公務員の仕事は非常に幅が広いものです。あなたの興味・関心にぴったりマッチするものもあれば、まったく興味を持てないものもあるかもしれません。「任された仕事から適職を探すしかない」という現実もありますが、できる限りの事前の研究は怠らないようにしてください。

❺「なぜ公務員として働きたいのか」を自問自答するために、本を読んで他者の視点に触れることも役に立ちます。「面接に効くオススメ本①――公務員の仕事」(p.62)、「同②――働くことの意味」(p.158) から、興味の持てるものを探してみてください。

公務員1年目の教科書

堤　直規　著
学陽書房　1760円

最初の1か月、3か月目、1年目までと、時系列で習得すべきスキルやマインドを学ぶことで、公務員の仕事が具体的にイメージできる。スケジュール管理術や他者との信頼関係構築法は、面接・官庁訪問に応用したい。

地域も自分もガチで変える！逆転人生の糸島ブランド戦略

岡　祐輔　著
実務教育出版　1650円

経営学の知見を活かして糸島ブランドの知名度を向上させたノウハウが満載。各種分析手法を志望省庁・自治体の仕事研究に活用してみよう。役所内外のキーパーソンを巻き込む姿勢は公務員として働く際の手本になる。

地方公務員の新しいキャリアデザイン

小紫雅史　著
実務教育出版　1760円

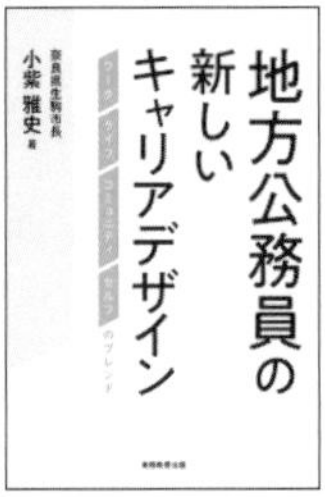

「公務員は終身雇用」などの常識は、数年以内にすべて崩壊する。改革派首長の著者が説く「公務員3・0」の視点は、面接対策はもちろん、採用後も必須だ。基礎自治体を志望する人には特におすすめの一冊。

ブラック霞が関

千正康裕　著
新潮新書　858円

厚労省のキャリア官僚として政策形成に携わった著者による渾身の一冊。公務員の働き方改革のボトルネックについて、実例を交えながら論理的に分析。実務経験に即した提言は、どれも論文・面接対策に役立つだろう。

Chapter3

面接カードは合格へのシナリオ作り

カードの項目を三大質問別に分類して考える。
ガクチカ→自己PR→志望動機の順で進めると、
合格へのストーリーが自然に出来上がる！

面接カードの目的と基本

あなたの熱い思いを落とし込むのだ！

Chapter2では、自分の経験やそこで発揮したコンピテンシーを振り返りつつ、キャリアビジョンを明確にするための「自己分析」と、それと車の両輪となる「仕事研究」についてお話ししてきました。

自己分析と仕事研究は、面接官にあなたの人柄をわかりやすく説明するため、そしてあなたが職場で活躍する姿をイメージさせるために必要なプロセスです。それでは、その結果は面接官に向かって語るためのネタ（材料）にすぎないのでしょうか？

そうではありません。**本番の面接に臨む前段階として、「自己分析」と「仕事研究」を通して紡ぎ出したあなた自身の情報を「面接カード」に落とし込む必要があるのです。**面接カードは必ず面接官が細部まで目を通す重要資料となります。面接と切っては切れない関係にある面接カードについて、まずは自己分析と仕事研究の結果を反映させるためのポイントを解説しましょう。

そもそも面接カードって、何に使うの？

近年の面接試験で重要な参考資料と位置づけられているのが、面接カードです。民間企業の就活で言えばエントリーシート（ES《イーエス》）をさします。なお、公務員試験でも、申込み時に提出するものをESと称することがありますが、両者の内容に大きな違いはありませんので、本書の記載は原則として「面接カード」で統一します。

面接カードの記載項目は「志望動機」や「自己PR」など多岐にわたります。面接の際の補助資料とすることが多いですが、**面接カードの完成度を見れば、受験者の書類作成能力もチェックできるため、面接で必ずしも把握し切れない公務員としての適性を見極めるツールとしては最適なのです。**言い換えれば、「面接官が納得するレベルの面接カードを作成できなければ、面接試験の合格は危うい」ということになります。

面接官は事前に面接カードを熟読しますので、記載した内容については深掘りする質問がなされると思ってください。面接カードは面接官にとっても格好のネタ帳なのです。

あなたの人柄が伝わる面接カードを

まず意識すべきことが**「面接カード作成は面接試験の一部である」**ということです。すなわち面接試験と同様にあなたの人柄を知るためのツールということになります。

記載する項目は多岐にわたります。すべては自己分析と仕事研究を通して明らかになった「あなたの人柄」や「公務員としての適性」をわかりやすく伝えるための資料なのですから、**決して盛った言葉や過度に取りつくろった文章は書くべきではありません。**面接で突っ込まれたときに会話のキャッチボールが不自然になるのはもちろん、面接官に伝えるべきあなたの人間性が伝わりづらくなってしまうからです。

また、本番の面接と同じように、**設問と回答が会話として成立している必要がありますが、これができていない人もよく見かけます。**たとえば「過去に乗り越えてきた困難な出来事」を問われているのに、延々とやりたい仕事のことばかり書いていたり、「あなたの長所」と言われているのに、短所まで書いてしまったりということです。上司や住民の質問の意図がつかめないのは、公務員の職場でも致命的です。よく設問を読み込みましょう。

繰り返し述べますが、面接はあなたと面接官とのコミュニケーションの場です。面接カードも文章であなたの魅力を惜しみなく伝えるコミュニケーションツールなのですから、ここで「自分の部下として採用したい」「職場にフィットしそう」と思わせましょう。まずは面接カード全般を通して伝えるべきコンセプトを強く意識してください。

面接カード「だけ」で面接官を納得させるには

自治体や省庁が使用する面接カードは多種多様です。さまざまな項目・設問がありますが、ほぼすべてが**「志望動機」「自己PR」「学生時代に力を入れたこと（ガクチカ）」**の**三大質問**のいずれかに分類することができます。74ページ以降に掲載した**具体的な設問&回答例を見ると、どういう観点（キーフレーズ）で問われているかがわかるでしょう。**

また、面接では言葉のやりとりといった言語的コミュニケーションに加え、顔の表情などの非言語的なコミュニケーションを交えることが可能ですが、面接カードは文字情報による一方通行の情報伝達となります。「面接カードだけで面接官を納得させる」ことが重要となるのです。「そんなつもりで書いたんじゃない！」という言い訳はできないので、**抽象的な言葉や回りくどい表現は避け、面接官が一読して納得できる内容に仕上げましょう。**

たとえば、「私はコミュニケーション能力が高いです」という表現は、ぼんやりして説得力に欠けます。「何を根拠に書いているの？」というのが、面接官の率直な感想です。

この例で言えば、**「私は〇〇という経験から、周囲の仲間と密接なコミュニケーションを図ることの重要性に気づきました」などの「事実」や「根拠」、さらには「あなたに生じた変化」について、具体的に示す必要があります。**

ガクチカ→自己PR→志望動機の順に考えてみよう

「志望動機」はあなたと志望自治体・省庁との関係性を交えて検討すべき「面接カードの本丸」です。初めて作成する人の中には「志望動機から手を着けたら悩んで手が止まってしまった……」という人もいるぐらいですから、最後に検討するのが無難です。

一方、「ガクチカ」と「自己PR」は、あなた自身の経験について考察すれば、たたき台レベルの内容は作成可能となるので、「志望動機」と比べてややハードルは低いでしょう。

そこで本書では、**まず自己分析を経て明らかになったあなたの経験を「ガクチカ」に落とし込み、続けて面接官にあなたを採用するメリットを感じさせる「自己PR」について考え、最後に自己分析と仕事研究の集大成である「志望動機」を仕上げるという順序で考えていくことにします。自己分析と仕事研究の成果を必ず活かしてください。**

三大質問のネタを集めて整理しよう！

自己分析
仕事研究

ガクチカ

1 一番力を入れたこと
2 力を入れた理由
3 活動の課題や目標
4 どうやって達成した?
5 一番工夫した点は?
6 周囲との協力・分担
7 そこで得た経験・成果
8 学びと成長の内容
9 仕事でどう活かす?

自己PR

1 最も活躍した場面
2 発揮した力や心掛け
3 仕事でどう活かす?
4 長所と短所(×裏返し)
5 具体的根拠は?
6 どんな人と言われる?
7 どのような場面で?
8 ストレス対処法は?
9 人間関係の構築法は?

志望動機

1 公務員志望のきっかけ
2 理想の公務員像って?
3 なぜその自治体・省庁?
→ほかではダメな理由を!
4 やってみたい仕事
5 どうしてその仕事を?
6 志望先の現状・課題
7 どのように改善する?
8 5年後・10年後の姿

「ガクチカ」について考える

「すごい話じゃないとガクチカにならない」という勘違い

面接カード作成において全般的にいえることですが、「これを書くのが正解！」といった唯一絶対の解はありません。「ガクチカ」というくらいですから、読んで字のごとく、あなたが学生時代に力を入れた出来事について面接官に伝わる内容であれば、何を書いてもOKです。

とは言え、**大多数の人は「私はフツーの大学生なので、書くことがない……」と頭を抱えています。**しかし、第三者から見れば興味深いエピソードもたくさんあるのです。

たとえば、私が短大で教えている学生の一人は「アルバイトは週2日のコンビニくらい」と肩を落とすのですが、よくよく聞けばそのコンビニでは外国人留学生とシフトが一緒になることが多く、文化も価値観も違う外国人の同僚と日々コミュニケーションをとっているといいます。

また、ある学生は「学生寮でお互いが仲良く過ごせるように、少し気を遣っているだけ」と言います。実は、その人の住む学生寮は、今時珍しい4人部屋なのです。若い学生が家族以外の他人と生活するということ自体、ユニークな経験ともいえますし、「そうした環境で良好なコミュニケーションが図れるならば、職場でも周囲と調和できるはず」と面接官が考えたとしても、なんら不思議ではありません。

このように、あなたが「普通のこと」と思っていても、面接官の立場になれば興味深いことも多いのです。面接官は、決して「すごい話」や「珍しいエピソード」を求めているわけではありません。**日常生活はネタの宝庫であるという視点で、もう一度あなたの学生生活を思い起こしてみてください。**

「勉強」はガクチカにおける格好のネタ

学生の面接カード添削をしていると、ガクチカについて、アルバイトやサークル活動の記載が多く見られます。アルバイトやサークルの話題が悪いわけではないのですが、大学での勉強は学生の本分であり、どの専攻分野も非常に特色があります。言うまでもないことですが、ゼミ活動や卒論作成などは学生時代にしか経験できません。

多くの先行研究を調べ上げて仮説を立てる、そのうえで将来に向けて何かしらの提言を行う、という大学での勉強のサイクルは、公務員の仕事においても非常に有用です。「ガクチカのネタがないのです……」と落ち込む人は少なくないのですが、その場合は**「勉強」をネタにする**ことも検討しましょう。

「1つの設問に1つのエピソード」が基本

まとめ方のコツとして、記載欄の大きさや字数制限にもよりますが、**「1つの設問に1つのエピソード」が基本**だと考えましょう。

なかには、勉強やアルバイト、サークル活動やボランティア活動などに幅広く力を入れてきた人もいると思います。しかし、それらをすべて語り尽くそうとすれば、「これもやった、あれも頑張った……」という事実の羅列だけでガクチカが終わってしまい、肝心の「そこから何を学んだか」「どのように成長したのか」まで話が及ばなくなってしまいます。

面接官は「ガクチカへの取り組み方・取り組み方法」を見て、あなたの「仕事への取り組み方・取り組み方法」を推察しています。「コツコツ努力できる人は、仕事で困難なことがあっても簡単には投げ出したりはしないだろう」というロジックになります。面接官は採用前にあなたと一緒に働くことはできませんから、ガクチカからあなたのポテンシャルを見極めようと必死なのです。

正直なところ、面接官はあなたが「何をやったのか」にはあまり興味がありません。**むしろ「これから何ができるのか・できそうなのか」というあなたの将来に興味があるのですから、「ガクチカから何を学び、どう変わったのか」というプロセス自体に意味があるのです。**

「ガクチカ」から「職場で活躍する姿」を想像させる

ですから、「自宅に引きこもり一年中オンラインゲームに没頭していた」などの仕事への応用が想像できないものや、「小さい頃から親の命令でピアノの練習を続けていた」などの消極的な内容からは、あなたの前向きな姿がイメージできません。また「数日間だけでもボランティアをしたほうがいいですか？」と聞かれることもありますが、「あなたが何をめざして行い、具体的に何を学んだのか」について語れなければ、面接官は、単なる「アリバイ作り」と理解します。これでは、必然的に低い評価となってしまうのです。

「ガクチカ」に関する面接カード設問＆回答例

●大学で今学んでいる専攻（社会人の方は今担当している仕事）の魅力を１つ教えてください。

回答例 図書館学のゼミで児童サービス論について研究しています。活動の一環として、放課後児童クラブに通う子どもたちに読み聞かせのボランティアを行いました。子どもたちの笑顔を見られるのが魅力ですし、自然な感情を伝える経験を積むことで表現力も身につけることができました。

●勉強・サークル活動以外で「挑戦」したことを１つ挙げてください。また、「挑戦を通じて学んだこと」を教えてください。

回答例 大学に入学して一人暮らしを始めたので、今までほとんどやったことのなかった料理に挑戦しました。最初は食費を節約する目的でしたが、いろいろなレシピサイトや動画を参考にして、栄養バランスや味付けも工夫するようになりました。時間配分を考えて段取りを組む力がつき、今では30分で３～４品の料理を同時につくることができます。

●あなたが、高等学校卒業後からこれまでに、課題を解決するために他者を巻き込み、新たな取組みを始めた経験を具体的に記入してください。

回答例 私の所属しているゼミで毎年実施していた同窓会の実施方法をハイブリッド化しました。指導教授からもアドバイスをいただきながら、Zoomなどのツールを活用することで、子育て中や海外在住など、これまで対面参加が難しかったOB・OGも複数名参加することができました。参加者からは「同窓生間のコミュニケーションが深められて楽しかった」などの意見が多数寄せられ、実施までの苦労が報われた気持ちになりました。

ここがポイント どんなことに魅力を感じるのか、これまでどのような挑戦をしてきたのか、どんな課題に対してどのように取り組んできたのか……。面接官は、受験者が学生時代に経験してきたそれらの情報を「目の前の仕事にどのように取り組む人なのか」という判断材料にしたいのです。目の前の仕事を完遂することは社会人としての義務です。ここでのキーワードは「再現性」ですので、仕事への積極性が感じられるものや他者と協働した経験などについて、身近なエピソードを思い起こしてまとめてみましょう。

なぜそのことに力を入れてきたのかという「意図」、その経験を仕事にどのように活かすのかという「再現性」。面接官がガクチカを通して確認したいのは、あなたのそうしたスキルです。ですから、就活本の内容をコピペしたような内容ではダメなのです。意図や再現性について、「それらを今後の仕事にどのように役立てたいのか」を77ページの図のように関連づけながら、あなたなりの言葉で力強く語りましょう。

「私は困難を乗り越えて仕事をやり遂げる力がある！」と訴える

人物重視の傾向が強まるにつれて、面接カードの設問もより具体的に掘り下げた内容が増えています。キーフレーズとしては**「これまでに成果を挙げたこと」「達成感を得られたこと」「一番困難だった出来事」「チームやグループでの活動経験」**などが挙げられます。

「これまでの成果」や「達成感を得られたこと」については、社会人経験者の試験でも多く問われます。社会人経験がある人は仕事での経験を語ればよいのですが、そうでない場合はどのように書けばよいのでしょうか？

まず、「面接官は必ずしも『すごいエピソード』を求めていない」というガクチカの基本を忘れないでください。**この設問を通して面接官が確認したいのは、「公務員として、**

さまざまな困難に負けずに成果を出せる人間か」です。「大学生の英語ディベート大会で全国優勝した」といった華やかな経験ではなく、「アルバイト先の居酒屋でお客様のクレームに真摯に対応した」とか「ゼミでコミュニケーション不足解消のためにオンライン交流会を企画した」などの身近な体験でよいのです。普通の出来事について、いかに創意工夫をしながらやり遂げたかがポイントです。現実問題として仕事には困難がつきものですから、「あきらめずにやり遂げる人間だ！」という切り口が重要な意味を持ちます。

また、「チームやグループでの活動」を問われる理由は何でしょう。**公務員の仕事はチームワークが基本という前提で問われています。**個人の能力は高くても周囲の上司や同僚と調和して働けないのでは、公務員失格だからです。これも深く考え込む必要はありません。「友人4人と東北一周旅行を計画した」というのも立派なチームでの活動です。**この設問では「集団の中でのあなたの役割や立ち回り方」が問われているわけですので、あなたと他者とのかかわりがイメージできるようなエピソードを探しましょう。**

いずれも、**自分なりに工夫した点などの「プロセス」や、その結果自分やチームに生じた「変化」について明確に書くことがポイントです。**「面接官は、あなたを部下として職場に配属したことを想定しながら読んでいる」ということを忘れないでください。

ガクチカ・自己PR・志望動機を関連づける

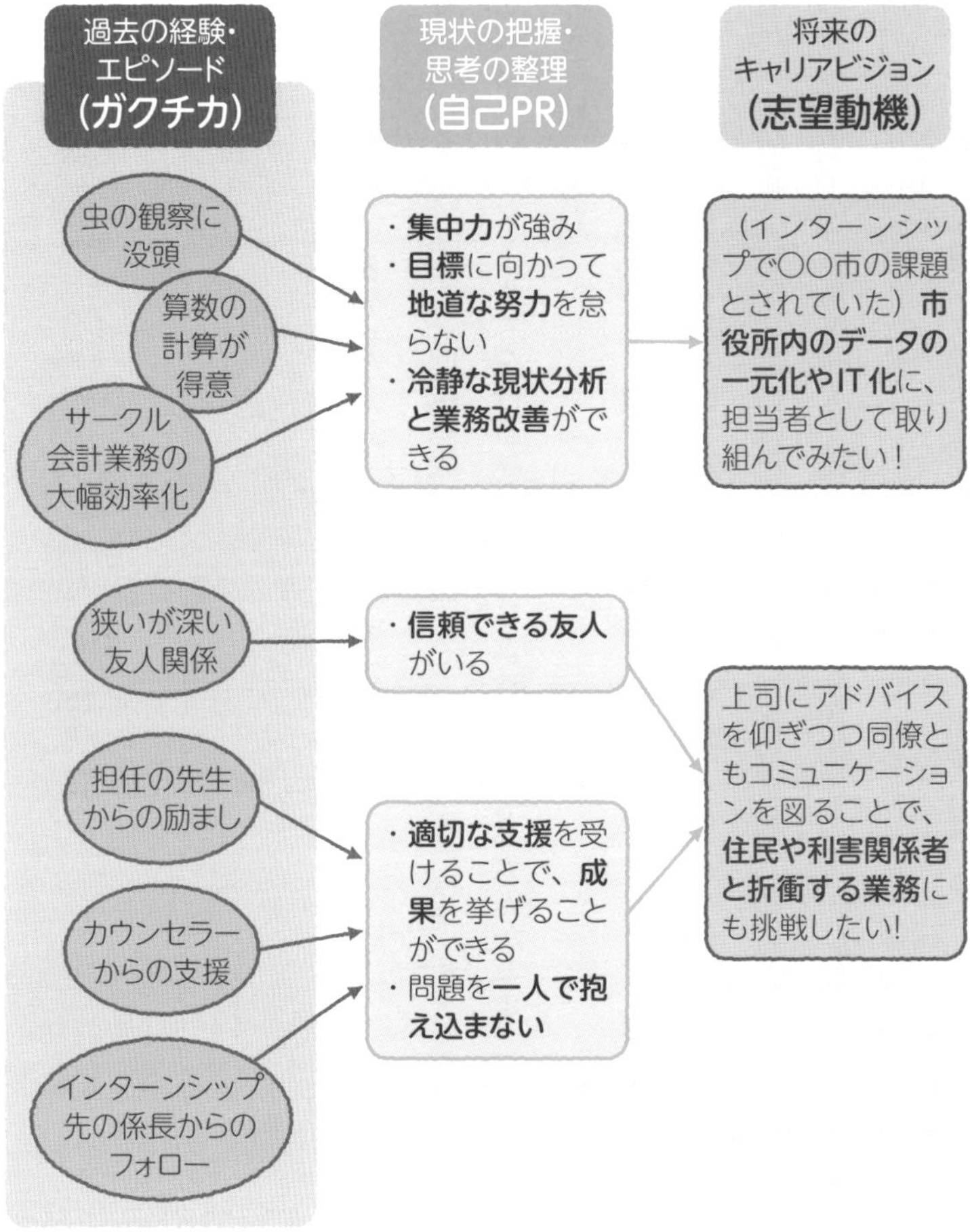
過去の経験・エピソード（ガクチカ）
現状の把握・思考の整理（自己PR）
将来のキャリアビジョン（志望動機）
虫の観察に没頭
算数の計算が得意
サークル会計業務の大幅効率化
・集中力が強み
・目標に向かって地道な努力を怠らない
・冷静な現状分析と業務改善ができる
（インターンシップで○○市の課題とされていた）市役所内のデータの一元化やIT化に、担当者として取り組んでみたい！

狭いが深い友人関係
・信頼できる友人がいる
担任の先生からの励まし
カウンセラーからの支援
インターンシップ先の係長からのフォロー
・適切な支援を受けることで、成果を挙げることができる
・問題を一人で抱え込まない
上司にアドバイスを仰ぎつつ同僚ともコミュニケーションを図ることで、住民や利害関係者と折衝する業務にも挑戦したい！

「自己PR」について考える

自己PRで「あなたという商品」を売り込む

続いて「自己PR」です。面接試験はコンテストやオーディションではありませんから、必ずしも「珍しいアピール」を行う必要はありません。ガクチカが「すごい話」を求めていないのと一緒ですね。

面接官が会いたいのは「自分自身を客観視でき、常に前向きに物事に取り組む人」です。それを踏まえつつ、**自己PRでは「私はこんなことができます」という視点に加え「私を採用すれば、自治体・省庁にこのようなメリットがあります」といった、一歩踏み込んだ内容にしましょう。**Chapter1で解説したように「採用は2億円の買い物」なのですから、面接官が「あなたを採用するメリット」を具体的にイメージできるかが問われます。

そうは言っても、高慢な人間を採用したいという面接官はどこにもいません。上司や同僚はもちろんのこと、住民対応においても公務員には常に謙虚さが求められます。**「自分自身を売り込む」ことと「適度に謙虚になる」ことは、一見矛盾するようで戸惑うかもしれません。**両者のバランスを含めた自己ＰＲの内容については、大学のキャリアセンターやゼミの指導教員など、第三者の客観的なアドバイスを聞きながら考えることも大事です。

「短所は長所を裏返せばＯＫ」が間違っている理由

「あなたの長所と短所を含めた自己ＰＲをしてください」と問われるケースがあります。面接カードの添削を行うと、短所について「物事を決める際に熟考しすぎてしまう」「一度何かに取り組むと寝食を忘れるくらい夢中になってしまう」などと**「長所を裏返したような内容」**をよく目にします。就活本や大学のキャリアセンターでも「自分の短所を正直に書かないように」と指導することがありますので、それも関係しているのでしょう。

しかし、「あなたの短所は何ですか」という質問に対して「長所」を書いているわけですので、面接官が聞きたいことにまったく答えていないことになります。**見方によっては、「私には短所はございません！」と面接官に対して宣言しているようなものですので、「自分を客観視できない」「あざとい」という印象を面接官に与えかねません。**

「自己PR」に関する面接カード設問＆回答例

●あなたの長所や強みはどんな点だと思いますか？　また、それを裏づけるようなエピソードがあれば教えてください。

(回答例)「継続して努力できること」が私の長所です。私が所属するゼミは、過去の先行研究を徹底的に調べ上げることを重視しています。レジュメを作成するのに数十本の関連論文を読むことも珍しくありません。半泣きになりながら夜中まで論文を検索した経験から、何事にも粘り強く取り組む習慣がついたと感じています。

●あなたは落ち込んだとき、どう立ち直るか教えてください。

(回答例)落ち込んだときは、とにかく友人に話を聞いてもらいます。一人で落ち込んでいても暗くなるだけだと感じるためです。カフェで話し込むほかに、遠方の友人とはZoom、LINEなどのオンラインツールを使ってコミュニケーションをとることで、気分転換して前向きになれます。

●人間関係を円滑に保つために心掛けていることは何ですか。

(回答例)周囲の人に自分の意見や考えをきちんと言葉にして伝えるようにしています。高校までは自分の意見を飲み込んでしまうことが多く、「ああ言えばよかった」と落ち込むことがありました。大学の授業で「沈黙することは相手の意見に同意したことと同じ」と教わりました。意見を出し合うことは、よりよい人間関係を育むことにつながると考えています。

ここがポイント　「自己PR」といっても、何か特別な能力や経験談が求められているわけではありません。自分のキャラクターや日常で心掛けていることについて、具体的な事例（経験）を交えて伝えることができればよいのです。昨今は公務員にも「企画力」や「リーダーシップ」などのアクティブな能力が求められています。それでも、「コツコツ頑張ることのできる姿勢」や「他人を頼ることができる力」の価値が下がったわけではありません。むしろ、社会で活躍するための基礎的な力が重視されるのが、公務員の面接試験だといえます。p.45で紹介した「コンピテンシー」を参考にしながら、自分の強みや持ち味を発揮した出来事・経験について、言語化してみましょう。

「自分を客観視できている」と面接官に思わせる

もちろん、仕事に支障のあるレベルの短所は、あえて書く必要はありません。たとえば「時間にルーズで授業開始に間に合ったことはない」とか「他人と話すのが苦手で、アルバイト先でも1年間誰ともしゃべらずに過ごしている」という受験者を採用したいと思う面接官はどこにもいません。面接の場にふさわしい表現や伝え方を選ぶということは、最低限の常識です。

面接カードで長所や短所が問われる理由は、受験者が「自分を客観視できているか」「短所を自己認識し、改善することができるか」を推察するためです。一言一句について、面接官の受ける印象を考えながら自己PRを組み立てましょう。あなたの書いた長所・短所について「面接官はどのように感じるか」という視点を忘れないでください。

長所がわからないときは「リフレーミング」をしてみよう

逆に、自分の「長所」が思いつかずに苦戦する人も意外と多いようです。日本には謙遜を重んじる文化がありますので、自分の長所を書き連ねるのが気恥ずかしくなってしまうのでしょうね。また、人の心理として、短所は目につきやすく長所は見えにくいという特性もあります。あなたも「他人のいいところより悪いところのほうが目につく」という経験はありませんか？

どうしても自分の長所が思いつかないという場合は、「リフレーミング」という方法を試してみましょう。これは簡単に言えば**「ネガティブな言葉をポジティブな言葉に言い換える」**ということです❶。リフレーミングは、あらゆるネガティブ・ワードについて置き換えが可能ですので試してみてください。

自分の短所や弱みだと思っていた点を83ページの例のように言い換えてみるだけでも、だいぶポジティブな気持ちになれるのではないでしょうか。言葉をリフレーミングした後には、それにマッチするエピソードを探す必要があります。自分自身をもう一度振り返ってみましょう。

本来、短所だけの人などいないのです。リフレーミングは、自分の強みを再発見したいときに活用できる心理的なテクニックです。ポイントは「自分で気づかない自分の長所に目を向けてみる」ことですので、自分に自信が持てない人ほど活用の余地があります。

なお、リフレーミングは「ネガティブ・ワードの言い換え」だけを行うのではありませ

❶私は自他ともに認める「雑な性格」をしています。たとえば、私が食器を洗った後の台所はいつもびしょびしょで、それを見た妻から怒られてばかりいます。この「雑な性格」を「おおらかな性格」とリフレーミングするのです。どうですか、だいぶ言葉の印象が変わりますね。

ん。**隠れていた自分の長所に焦点を当て、いかに公務員の仕事に関連づけることができるかについて客観視することがリフレーミングの目的です。**「面接官に短所を聞かれて長所を裏返した回答をすることの危険性」についてすでにお話ししましたが、両者には「自分を客観視できているか」という点で雲泥の差があるのです。

リフレーミングの例❷

- 失敗が多い→挑戦心に富む
- 消極的→控え目
- 作業が遅い→丁寧
- 心配性→慎重
- 飽きっぽい→多趣味
- おっとりしている→自分を持っている
- うるさい→元気がいい
- おしゃべり→社交的
- 雑→おおらか
- 頑固→自分の意見を持っている
- 緊張しやすい→思慮深い
- 気が強い→自信に満ちている
- 口が悪い→自分の意見を言える
- 優柔不断→物事にこだわらない
- 頼りない→控え目で優しい
- 一人で抱え込む→責任感が強い
- 人見知り→他人と深いつながりを築く
- 反抗的→自立している、自分の意見を言える
- 面倒くさがり→物事にとらわれない
- 鈍感→物事に動じない、おおらか
- 涙もろい、メンタルが弱い→感受性や共感性が豊か

❷「リフレーミングに挑戦しよう　演習シート」（福島県特別支援教育センター）を一部改変した。

面接官があなたの「性格」や「ストレス対処法」を尋ねる理由

現代はストレス社会です。公務員も例外ではなく、どこの職場でもメンタルヘルス不調による休職者が後を絶たないのが現状です。人事院が国家公務員を対象に行った調査では、平成28年度における長期病休者は、5326人（全職員の1・94％）であり、傷病別に見ると、「精神及び行動の障害」が3487人で、長期病休者総数に対する割合は65・5％となっています[3]。メンタルヘルス不調は、決して他人事ではないのです。

将来の部下を探している面接官の本音は、「自分を客観視でき、仕事のストレスとも上手につきあえる人を採用したい！」ということです。そのため、近年の面接カードでは「自分が自覚している性格」や「ストレス対処法」などについて、詳細な記載を求めるケースが多くなっています。

自分の性格については、過去の経験の振り返りやリフレーミングなどを用いて、可能な限りポジティブな表現で伝えましょう。独りよがりではいけませんので、それを裏づける事実（エピソード）も忘れてはいけません。第三者である面接官が納得できるように、客観的な表現で伝えることに意味があるのです。

[3]「平成28年度国家公務員長期病休者実態調査」（人事院）

また、ストレスへの対処法については人ぞれぞれです❹。まずは、あなたがストレスフルな状況に置かれたときのことや、どのようにしてその状況を乗り越えてきたかをよく思い出してみてください。

ストレスのコントロール方法を行動主体の面から見ると、大きく2つに分けることができます。一つは、睡眠などの休養や軽い運動による気分転換のように、自分自身でストレスをコントロールする方法。もう一つは、友人や家族に相談し、話を聞いてもらうなど、他人の協力を仰いでストレスをコントロールする方法です。これはどちらが良い・悪いという話ではありません。その時々の状況に応じて柔軟に選択すべきです。

とは言え、この設問の背景には「公務員のメンタルヘルス不調」があります。職場で多くの部下を率いている面接官は、まじめな人ほど一人でストレスを抱え込んでしまい、ある日突然心が折れてしまうことがあるのを痛感しています。「仕事上の悩みや問題があればすぐに相談してほしい」というのが面接官の偽らざる本音なのです。

それを踏まえて、**自分自身でストレスをコントロールするほかに、「他人の協力を仰いでコントロールした」経験を軸に回答を組み立てましょう。**複数のストレスコントロール手段を持っていることを知ることができれば、面接官も安心できます。

❹ Chapter5の「メンタルに不安があるあなたへ伝えたいこと」(p.172-177)で、ストレスへの対処法について、より具体的に解説しています。

「志望動機」について考える

志望動機は面接カードの本丸です！

面接カードや実際の面接で必ず問われるのが「志望動機」です。志望自治体・省庁に対して「仲間に入れてほしい理由」を説明するわけですから、論理的かつ堂々と語れない受験者は、合格が非常に難しくなるのです。

志望動機は自分と志望自治体・省庁との関係性について論じるものです。ガクチカや自己ＰＲについては純粋に自分を語ればよかったのと比べれば難易度が高いので、面接カードの作成において最も労力をかけなければいけません。

面接官は「ウチじゃないとダメな理由」を待っている

まずは「公務員の志望動機」と「その自治体・省庁の志望動機」については、切り離し

て考えましょう。

たとえば「利益の追求だけでなく公正な行政サービスを向上させたい」という志望動機からは、「公務員になりたい気持ち」は伝わりますが「その自治体・省庁でなければいけない理由」が面接官に伝わりません。一方「〇〇県出身なので大好きな故郷に貢献したい」という志望動機では「〇〇県への愛情」はうかがえますが「それなら〇〇県内のお好きな民間企業にお勤めください」ということになってしまいます。

非常に多くの受験者が、ここで失敗しているのです！　近年は民間企業の採用意欲が高く、公務員試験の受験者数も減少傾向にあることから、面接官は本気で公務員になりたい人を見定めようと必死です。**民間企業でもない、ほかの自治体や省庁でもない「この自治体・省庁じゃないとダメな理由」が、志望動機には求められています。**

「そんなこと言われても、公務員の仕事なんてどこも同じじゃないか！」と思っていませんか？　確かに、公務員の仕事は幅が広く公共性が高いので、自治体や省庁間で重複する業務が多いことは事実です。

そこで、**独自の志望動機に悩む場合は、その自治体や省庁の「結果や実績の出ている施策」か、「その真逆の施策」を切り口にしてみましょう。**

たとえば「○○市は企業内保育園に独自の補助金を出すことで、市内の待機児童を前年度比□□％減少させている。その施策を継続しつつ△△という方策を加えることで……」などと、実績のある施策に対してオリジナリティのあるアイデアを加え、志望動機につなげるのです。

反対に「○○県は若年者の県外流出が続いている。その状況を改善するためには、□□県でも導入が検討されている△△という方法で……」などと、現在社会問題となっている事象について自分なりの課題解決策を示す方法もあります。

どちらも自治体・省庁の仕事研究や現状を踏まえ、自分なりの前向きな提案を示すという点で、あなただけの志望動機になります。ただし、行政課題に関して解決策を提示する場合は、単なる公務員批判的なトーンにならないように、客観的な姿勢を忘れないようにしましょう。

また、論の立て方としては、記載欄の大きさや字数制限にもよりますが、**①公務員に興味を持ったきっかけやエピソード、②その自治体・省庁への思いや熱意、③携わりたい仕事や採用後のビジョンの順番で構成する**とよいでしょう。記載欄が小さく書ける字数が少ない場合は、①は省略して、②と③について端的にまとめましょう。

「残念な志望動機」を書かないために

面接官から見て「残念な・痛い志望動機」は、「公務員になりたいだけ」とか「志望先の自治体・省庁をヨイショするだけ」に終始した内容のものです。

たとえば「業務説明会に出席して○○と感じたため、ぜひ□□県で働いてみたいです」で終わっている場合は、「□□県職員になること」がゴールとなっており、採用後にどのように活躍したいのか面接官にまったく伝わりません。「○○知事の掲げる□□ビジョンに共感しました」などと自治体・省庁をほめまくるだけの場合も、同様に痛いだけです。

さらには「○○省の課題は□□や△△と多種多様であり……」と、一見立派そうですが、よく読むと官公庁のウェブサイトにある「○○省の課題」をコピペした内容が延々と続くものさえあります。これは「本のあらすじが大半を占める読書感想文」のようなものですから、もはや志望者のメッセージ性がまったく感じられません。

「残念な志望動機」をいくら書かれても、面接官は「自分の部下としての適性があるか」「職場にフィットして活躍できるか」を判断できないのです。**「○○の業務に自分の□□の経験を活かしたい」「10年後は○○を推進する立場になりたい。そのためには……」など**

と、あなたの将来像を具体的に語りましょう。「ガクチカ」や「自己PR」も同様ですが、面接カードを一読するだけで、面接官があなたの「人柄」や「職場で活躍する姿」を具体的にイメージできるクオリティが必要なのです。

将来のキャリアビジョンを熱く語れ！

このように、志望動機作成のポイントは「将来、志望自治体・省庁でどのようなことを成し遂げたいかについて明確に語る」ということです。

たとえば「○○の政策に携わって△△という方法で□□県の魅力をPRしたいです」のように、具体的な方策や方向性を示しながら、あなたなりのキャリアビジョンを示しましょう。これは、**面接官に「採用後に活躍するあなたをイメージさせる」**ために欠かせない視点です。

もちろん、面接官を納得させるレベルのキャリアビジョンを示すためには、精緻な自己分析や仕事研究は欠かせません。**「私の強みは○○です」→「□□県の課題は△△です」**→**「私の強みである○○を活用して、課題である△△を◎◎のように解決したいです」**というのが、キャリアビジョン作成における基本的なロジックです。

キャリアビジョンの明確化は、筆記試験対策のモチベーションアップにもつながります。今すぐに始めてみましょう！

「採用後に取り組みたいこと」を聞かれまくる理由

志望動機の変形パターンとして、**「職員になったら取り組んでみたいこと」「取り組みたいまちづくりの方向性」「あなたの能力や経験を、どのような仕事に活かせると思うか」**なども問われます。

これらの設問は「受験者の本気度を見たい」という理由のほかに、**「前例のない課題に立ち向かえるかどうかを見定めたい」という面接官の意図があります。**

一昔前の話になりますが、特に基礎自治体（市町村や特別区）の公務員は、国の定めた方針や組織の長の命令を着実に実行していればよしとされた時代がありました。そのため、当時の公務員の職場では「決められたことを決められた方法でコツコツと処理する能力」が重視されたのです。「前例のある課題を前例どおりに解決できる人」が「優秀な公務員」だったわけですね。「公務員は楽な仕事」というイメージも、前例踏襲の色濃い時代の名残だといえます。

「志望動機」に関する面接カード設問＆回答例

●地方公務員の中でなぜ○○市を志望したか、動機を教えてください。

回答例 昨年の夏に大雨の被害が拡大し、一時的に避難を余儀なくされました。その際に○○市職員が中心となり避難誘導や食料配布を行っている姿を見て、大変安心しました。「市民の生活を守る」という、職員の皆さんの強い信念を感じ、私もその一員として頑張りたいと考えました。

●本県に採用されたら、職員として取り組みたいことは何ですか。希望勤務課所等を含め、具体的に記入してください。

回答例 ○○県が力を入れている「地元就職」の業務に携わりたいと考えています。私の周りでも、○○県ではなく首都圏での就職を希望する友人が多く、○○県出身でその魅力を知る私としては寂しく感じています。私はメディア論のゼミで若者のSNS利用に関する調査に取り組んでいるので、そこで得た経験を○○県SNSでの広報に活かしたいと考えています。

●最近関心を持った社会問題や出来事、日頃興味を持って取り組んでいることなどについて教えてください。

回答例 大学のゼミで少子高齢化について学んでいることもあり、男性の育休取得推進など両親が協力して子育てをしやすい法整備が進んでいることに注目しています。○○市は保育所に入所できなかった世帯に対してベビーシッターの利用支援を行うなど、先進的な施策を実施しています。今後は民間の病児保育サービスを誘致するなど、さらに多様な受け皿を増やしていくことが重要だと考えています。

ここがポイント 公務員試験は「なるべく数多く受験する」というのが鉄則です。したがって、多くの面接官は、受験者の志望度（熱意や本気度）を見極めようと必死なのです。「○○省（県・市）でないといけない理由」について具体的に記載しましょう。「公務員の仕事はどこでも同じ」と考えがちですが、回答例のように各省庁・自治体が創意工夫を行って日々の業務を遂行しています。たとえば「人口減少対策」「育児・介護支援」「観光振興」などで、独自性のある施策について調べてみましょう。加えて、直面する困難な課題に着目することで、説得力のある志望動機を構成することができます。

「前例のない課題に立ち向かえる人」を求める時代に

しかし、今はまったく状況が違います。公務員の数が減少する一方で、少子高齢化や人口減少など課題は山積です。さらに、大雨や地震などの災害対策や、業務のDX化などにも対応しつつ、通常業務の停滞が許されない厳しい現実が続いています。

世の中が混沌《こんとん》とする中、現在の公務員に求められるのは「自分で課題を発見し、自分なりの仮説を立て、周囲のキーパーソンを巻き込みながら着実に施策を企画・実行する能力」です。そして、そうしたポテンシャルを持っている人は、たとえ実際に公務員として働いた経験がなくてもそれなりのビジョンを持っているはずと、面接官は考えています。

あなたは前例のない諸課題について的確に把握し、自分なりの解決策や提言を示すことができますか？　それらの課題は絵空事ではなく、公務員として採用された後にあなたが必ず直面する課題です。ベテラン面接官の前だからといって気後れしている場合ではありません。現状や根拠を交えながら、自分なりの見解を示せるようにしましょう。

もちろん、面接官は、ほとんどの受験者が実際に公務員の職場で働いた経験がないことは百も承知です。面接官はベテランぞろいですから、彼ら/彼女らが心から驚き感心するようなアイデアを示すことは、現実問題としてまず不可能でしょう。普通の受験者が思いつくようなことは、すでに行政が検討したり実行したりしているか、実現できそうもない「机上の空論」か、というのがほとんどですが、それはそれでしかたありません。

ここで強調したいのは**「精緻な仕事研究の成果を自分なりのアウトプットで示すことが大事」**ということです。あなたの「熱意」を、具体的な課題解決と関連づけながら、わかりやすく面接官に伝えるということを意識してください。

「最近関心を持った事柄」と志望動機を結びつける

実は、**「最近関心を持った事柄（社会問題、時事問題、ニュース）」というのも、公務員としての志望動機を問われているという観点で答えるべき設問です❺。**

たとえば、デジタル庁を志望するのにマイナンバーカードのニュースに関心がない、環境省を志望するのにカーボンニュートラルやプラスチックごみ問題について調べたことがない、福島県を志望するのに震災からの復興計画の進捗《しんちょく》に興味がないとしたら、どうでしょうか？「ウチを志望するなら、関連するニュースは当然チェックしているだろう」というのが面接官の自然な発想ですから、そのような受験者には強烈な違和感を覚えます。

❺ Chapter6の「面接＆集団討論で問われる　最新時事テーマの考え方」（p.213-210）で、次の面接で聞かれそうな行政課題について、「ネタと切り口」をコンパクトに解説しています。あなたの意見をまとめる参考にしてください。

また、一般的に公務員は人事異動が多く、そのたびに仕事内容が大きく変わります。その際に、自分の担当や所属部署のことしか興味のない人は困るのです。「それはウチの仕事じゃない」というセリフは、職場内はもちろん、利用者である住民や国民から最も嫌われますよね。**幅広い視点で物事を考えられる人・社会全体に関心がある人を採用したいと面接官は考えています。**

テレビや新聞を見れば、志望先の自治体や省庁と関係のあるニュースは必ず見つかります。**仕事研究とも関連してきますが、なるべく多くのニュースソースを参照しながら、あなたの志望先と関連性が深いものを探しましょう。**複数ピックアップしたら、あなたが公務員として、それらの問題にどのようにかかわりたいかを掘り下げます。

社会問題・時事問題については新聞記事やテレビのニュースはもちろん、自治体・省庁の広報誌やウェブサイトもチェックしましょう。スマートフォンのアプリ（SmartNews、LINE NEWS、Yahoo!ニュース、NHKニュースなど）で興味のある記事の見出しからチェックする方法もあります。特にあなたが疑問を持ったりイラッとしたりジーンとしたりしたニュースは、何かしらあなたの琴線に触れたということです。なぜあなたの琴線に触れたかを考え抜くことで、回答に奥深さが生まれます。

Tips2

民間企業との併願は可能なのか？

公務員試験は、いくら勉強したからといって合格が確約されるわけではありません。したがって、「民間企業との併願」を検討するのは自然な発想といえるでしょう。一部の人気企業への入社競争は厳しいですが、総じて「人材不足」なのが現状です。ただし無理をして共倒れしないためにも、時間的に無駄のない対策が必要となります。

近年の民間企業の就活は、実質的に大学2～3年次のインターンシップから開始されているという実態もあり、早期化・長期化する傾向にあります。必然的に、自治体・省庁におけるインターンシップとの時期の重複が発生するため、両者のスケジュールの調整が欠かせません。

一方、公務員試験でも、優秀な人材を確保するべく民間企業との併願がしやすい試験（筆記試験をSPI3に変更するなど）が増えています。こうした試験には、これまで公務員試験に目を向けていなかった層の受験者が殺到するため、競争率は高まります。「併願しやすい＝合格しやすい」わけではありませんので、誤解しないでください。

民間就活との併願の最大のメリットは「面接慣れ」できることです。面接を通して「コミュニケーション能力」「主体性」「課題発見力」などが問われるのは、民間企業も公務員も同じです。「民間企業の就活と公務員試験で、求められるスキルは重複する部分が多い」と理解できるでしょう。私の経験からも、最終合格者の多くは自治体・省庁や民間企業からの内定を複数手にしていました。どこでも欲しい人材は同じというわけなのです。

結局、民間企業と公務員試験における面接官の視点には、基本的に大きな違いはありません。そのため、併願をしている場合は「どちらからも内定をもらえる人」と「箸にも棒にも掛からない人」とに二極化する状況がよく見られます。

しかし、伝統的な企業とベンチャー企業では相違点も多いですし、有名企業や人気業界は依然として狭き門です。民間就活と併願する場合は「大企業・有名企業志向に偏らないこと」や「公務と近い（堅実な）雰囲気の業界に厳選すること」などを心掛けましょう。

Chapter4

典型質問・面接官に伝わる回答 Before → After

面接官の本音を知って考える 15 の典型質問。
ありがちなネタでも、伝え方で変わる。
合格レベルへ一気にバージョンアップ！

志望動機の典型質問1

なぜ公務員への就職を希望するのですか？

実はこれが知りたい

公務員の仕事をイメージできているか知りたい。本当に公務員の仕事がしたいのか、仕事への意気込みや熱意を確認しよう。

関連質問

・公務員として必要な資質は何だと思いますか？
・公務員と民間企業の違いは何だと思いますか？
・民間企業も併願していますか？
・民間企業から公務員に転職したい理由は何ですか？

Before **残念、イマイチ伝わらない!**

私が公務員を志望した理由は、安心して働ける職場環境に共感したからです。私の父も公務員ですが、「計画的に休暇を取得でき、非常に働きやすい職場だ」といつも申しております。また、サークルの先輩は「民間企業は業績次第でボーナスも出なくなる」などと嘆いていましたが、そのような不安がないのも魅力的です。私は卒論で「労働者のモチベーション」をテーマとしていることもあり、セクハラやパワハラなどの問題も少なく、安心して仕事に専念できる環境で社会に貢献したいと思います。

After **同じネタでもグッと伝わる!**

私は仕事を通じて社会の課題解決を行いたいと考え、公務員を志望しました。私の姉が保活をしたとき、「○○市の子ども支援課の職員の方に何度も相談に乗ってもらい、気が楽になった」という話を聞かされました。私の卒論のテーマは「労働者のモチベーション」ですが、窓口での相談対応等で市民の皆さんの力になることを、自分自身の原動力にしたいと考えています。また、公務員の職場はワークライフバランス推進強化月間などの機会を設け、常に職場環境改善を図っており、そうした姿勢にも共感しています。

これでバージョンアップ

「働きやすさ」や「社会貢献」のみが前面に出ており、肝心の「仕事に対する意気込み」が伝わりません。これでは、公務員をめざすあなたの姿勢が疑われます。取り組みたい仕事内容などを通じて「あなたが職場で活躍する姿」を面接官にイメージさせましょう。

「あなたが公務員として活躍する姿」をイメージさせる

Chapter1で解説したように、面接官は上司の立場から、目の前の受験者が「自分の部下として活躍できるか」「職場にフィットして働けるか」を観察しています。「なぜ公務員になりたいの?」という質問は、面接官の個人的興味ではありません。「公務員の仕事について具体的にイメージができているか」を見極めるための重要な質問なのです。ここでは**公務員に興味を持ったきっかけについて、具体的な仕事内容と関連づけて説明しましょう。**

当然のことですが、回答で示した仕事については「もう少し具体的に教えてください」などと深掘り質問がなされます。あらかじめ準備しておいてください。

また、この質問は、**志望動機の典型質問2**の「なぜ本省(県・市)の職員になりたいのですか?」と関連性が深いものです。あなたが公務員になりたいと思った理由が志望する自治体・省庁の志望動機と直結する場合は、そちらをメインに回答してかまいません。

「ありがち」な志望動機は面接官の心に響かない!

面接官の視点に立てば、「人の役に立つ仕事がしたい」「住民のために働きたい」と言って「社会貢献」や「働きやすさ」ばかりを前面に出した回答は、少々考え物です。

これらの表現がＮＧワードというわけではありません。「社会の役に立つ仕事＝公務員」という単純なステレオタイプ思考は危険だ、ということです。

民間企業が提供する商品やサービスも、必ず人（顧客）の役に立っています。だからこそ、私たちは商品やサービスにお金という対価を払うわけですね。逆に考えれば、（一部の反社会的な会社を除けば）官民問わずあらゆる企業や団体は何かしら社会に貢献しているといえます。ですから、**「社会貢献をしたいから公務員を志望する」というロジックは、言葉足らずなのです。**当然、面接官の心にも響きません。

また、公務員の働きやすさ（休暇制度や福利厚生など）は、忙しい状況でも心身を壊さずリフレッシュできるための「仕掛け」の一つにすぎません。さらに言えば、中央省庁で、国会における各党からの質問に対応する公務員がソファで仮眠をとりながら残業する姿が「官製ブラック企業」と揶揄《やゆ》されることもありますし、どんな職場でも、異質な人どうしが集まれば大なり小なりトラブルは発生します。

「公務員は社会貢献できる仕事」「公務員の職場は働きやすい」と安易にイメージする受験者は「早期に離職するリスクが高い」と面接官に判断されてしまうのです。

志望動機の典型質問2

なぜ本省（県・市）の職員になりたいのですか？

実はこれが知りたい

入庁意欲は高いか、本省（県・市）への志望度はどうか確認したい。本省（県・市）職員としての将来のビジョンは明確だろうか？

関連質問

・なぜ国家公務員を志望するのですか？
・なぜ県（市）ではなく市（県）を志望するのですか？
・併願先はどこですか？
・地元の県（市）は受験しないのですか？

Before **残念、イマイチ伝わらない！**

○○市は、昨年夏の大雨被害の際、職員の皆様が迅速な避難誘導を行い、さらに間を空けず災害ごみの個別回収を実施するなど、住民ファーストの自治体だと思います。また、廃校となった小・中学校の校舎を改修してＮＰＯ法人が入居するシェアオフィスや高齢者向け福祉施設として活用するなど、さまざまな人たちが集う場所づくりも推進しています。さらに、テレビやインターネットでの地元特産品のＰＲも有名です。以上のような積極的な政策を推進している○○市の職員として、私も活躍したいと考えました。

After **同じネタでもグッと伝わる！**

私は大学入学と同時に○○市で一人暮らしを始めました。昨年夏の大雨被害の際は外出もできず、アパートで心細く過ごしていたのですが、○○市からの災害メールや公式ＳＮＳからの情報により、近所の体育館に避難することができました。避難所では迅速に食品を配布してもらえましたし、複数の職員の方から「何か問題はありませんか？」などと声をかけていただき、大変心強く感じました。その経験から、私も○○市職員として、災害支援に関連する業務に携わりたいと考え、○○市職員を志望しました。

これでバージョンアップ

「○○市はあれもやっている、これにも力を入れている」と、市の政策で目についたものを羅列しているだけなので、面接官はあなたの志望度を確認できません。「1つのテーマ＋今後の自分のビジョン」を軸に、自分の経験談や将来像を交えて具体的に語りましょう。

面接官が志望動機を尋ねる理由

「なんでウチを志望するの？」は、まさに定番の質問です。受験者の大半が前もって回答を準備しているにもかかわらず、なぜ面接官はこの質問を口にするのでしょうか？

それは、面接官が、この質問に対する回答で**「あなたの志望度が高いか」「本気で採用されたいと考えているか」を評価したいからにほかなりません。**

少子化に伴う人手不足の現在、民間企業における就活は「売り手市場」と評されています。もちろん、人気の業界や大企業に限定すれば話は別ですが、仕事を選ばなければ就職先には困らないのが現状です。そのため、筆記試験のハードルが高い公務員試験は敬遠され、新卒の人材が民間企業に流れる傾向にあります。

たとえば、北海道庁の2018年春採用の職員採用試験では、試験合格後に6割を超える内定者が辞退したことが大きく報道されました[1]。内定辞退は行政に必要なマンパワーの不足や組織の弱体化に直結します。そのため、市役所を中心に「追加募集」などの名称で複数回採用試験を実施する動きさえ見られます。今や、どこの省庁や自治体も内定辞退の多さに頭を抱えており、面接試験で受験者の志望度を見極めるのは至上命題なのです。

❶「安定だけでは駄目？　知事もうなる北海道庁内定者6割超、衝撃的辞退のワケ」（産経ニュース、2018年2月9日）

「1つのテーマ＋今後のキャリアビジョン」で「本気」を伝える

「志望度」は目に見えません。**あなたの本気については入念な仕事研究をベースとして、具体的な言葉で面接官に伝える必要があります。**

他の自治体や省庁ではない「ココの職員になりたい理由」は何でしょうか？　それを語るためには、独自の政策や固有の課題など、志望先の「売り」を見つける必要があります。

一方で、公務員試験は複数受験が当たり前です。しかし、たとえ第2志望以下だとしてもなんらかの興味があって選んでいるはずです。第1志望の自治体・省庁と同じように、成果を挙げている政策などを事前に調べ、志望順位が逆転するくらいのクオリティをめざしましょう。そうすれば、面接官に志望度を疑われることもありません。

その際、**志望動機や今後のビジョンに関連づける政策や仕事は、ひとまず1つに絞ると考えやすいでしょう。**興味のある魅力的な政策が複数あっても、それらを羅列するだけでは「政策紹介」「業務紹介」になってしまい、面接官にあなたの本気が伝わりません。

実際の業務も、自分のやりたい順に担当できるわけではありません。「目の前の壁に常に本気で臨む」という姿勢は、公務員として採用された後にも大切にしてください。

志望動機の典型質問3

採用後にどんな仕事をしてみたいですか？

実はこれが知りたい

仕事に対する本気度や意欲を知りたい。採用後のキャリアビジョンは明確か、イメージで志望先を選んでいないか？

関連質問

・配属を希望する部署を選んだ理由は何ですか？
・希望しない部署に配属されても大丈夫ですか？
・転勤は可能ですか？
・5年後、10年後にどんな職員になっていたいですか？

Before **残念、イマイチ伝わらない！**

○○市職員に採用された暁には、ぜひ人事部門で仕事をしたいと考えています。私は現在、大学の卒業研究の一環で、現職の人事部門のビジネスパーソンにインタビューを重ねています。採用や人材育成に関する基本的な知識も学んでおりますし、何より適切な住民サービスを担う市役所の人材マネジメント業務に魅力を感じます。昨年の夏に参加した○○市の市役所ツアーで、職員の方から「年に複数回上司の方との面談の機会がある」と伺いましたので、その際に配属の希望について、お伝えし続けたいです。

After **同じネタでもグッと伝わる！**

○○市の仕事は幅が広いですが、その中でも市民課などの窓口で住民の方と直接接するような仕事をしてみたいと考えております。私はどちらかというと、人に話すことよりも人の話を聞くことのほうが得意です。現在は卒業研究の一環で、社会で活躍するビジネスパーソンへのインタビューを行っていますが、生の声を引き出すためには傾聴力が大事だと実感しています。インタビューで培った「聴く力」を活かし、住民の意見やニーズに直接触れる業務で、まずは経験を積みたいと思います。

これでバージョンアップ

「この仕事をしてみたい！」という具体的な目標を語る一方で、そう思った根拠や、イメージ先行ではない姿勢を示したいところです。また、公務員は異動が多い職場ですので、特定の仕事や部門にこだわりすぎると「扱いにくい人」という印象を与えてしまいます。

「働くイメージ」ができている人が評価される

「ウチに入りたいということは、それだけ仕事について調べてきたんでしょ」というのが面接官の本音です。そのため、採用後にやりたい仕事が明確であればあるほど、本気度が高いと面接官から評価されるのです。

もちろん、公務員の仕事は多種多様です。それゆえ、ピンポイントに「これがやりたい！」と断言できない場合もあるでしょう。その場合は、「窓口で住民と直接接する仕事」「○○県の魅力を国内外に伝える仕事」「○○市役所内の業務効率を向上させるような仕事」のような言い方でもかまいません。「こんな種類の仕事をしてみたい」というレベルの抽象度であれば許容範囲です。

ただし、いずれの場合も**「なぜその仕事がしたいのか」について、面接官に納得してもらえるような具体的説明ができるようにしましょう。**ガクチカ（勉強やサークル活動、アルバイトなど）や自己PR（自分の性格や考え方）をベースに、「自分の□□なところをその業務に活用したい」「複数の友人から△△という評価をされ、その業務に適性があると考えた」などと語ることができれば説得力が増します。

「具体的に語る」と「こだわりすぎない」を両立させる

なかには、すでに「この仕事をするために○○市の職員になる！」と心に決めている意欲の高い人もいるでしょう。採用されたいという熱意は面接試験に必須でもあります。しかし、公務員の職場は数年おきに人事異動があり、異動のたびに担当する業務は変化します。必ずしも希望する業務ができるとは限りませんし、大多数の職員は予想もしなかった業務を命じられているともいえます。

こうした公務員の人事慣行では、「特定の業務にこだわりすぎる人」は敬遠される傾向にあります。「幅広い業務を経験することで視野を広げ、行政のゼネラリストを育成する」というのが一般的な公務員における育成方針ですので、「好きなことしかやりたくない人」は困るのです。むしろ、**「与えられた仕事の中からやりがいやおもしろさを発見できる人」が公務員の職場で活躍できるタイプといえます。**

ですから、やりたい仕事は明確に掲げつつも「どこの部署やどんな業務でも前向きに取り組む！」という姿勢を大事にしてください。これは面接対策だけでなく、公務員として活躍する際にも必須の心構えになります。

志望動機の典型質問4

本省（県・市）の課題は何だと考えますか？

実はこれが知りたい

志望省庁・自治体の業務内容や課題を理解しているか。発想の独自性や新奇性をチェックしよう。本省（県・市）の職員として主体的に活躍できる人物か。

関連質問

・本省（県・市）の仕事についてどうやって研究しましたか？
・本省（県・市）のプロジェクトで関心があるものは何ですか？
・本省（県・市）の課題解決のために、あなたができることは何ですか？
・もしあなたが次官（知事・市長）になったとしたら、どんな施策を打ち出しますか？

Before **残念、イマイチ伝わらない！**

強いて言えば、「若者の県内就職率」でしょうか。それに関しましても、県内に就職する大学生向けの奨学金返済補助の制度があることから、学生の立場から見てもフォローできているのでは、と感じております。したがいまして、〇〇県では特に大きな課題は見当たらないと思います。これも、△△知事をはじめ職員の皆様が日々県民のニーズに応えるために努力なさっているからだと思います。私もそのような職員をめざし、精一杯頑張りたいと思いますので、どうぞよろしくお願いいたします。

After **同じネタでもグッと伝わる！**

〇〇県の課題を挙げるとすれば、「若者の県内就職率」だと思います。〇〇県職員の業務説明会でも課題として挙げられていましたし、県外出身の友人たちからも「〇〇県で就職するメリットを感じない」という意見を聞くことがあります。〇〇県では、県内に就職する大学生向けの奨学金返済補助の制度がありますが、就業期間が通算して3年経過しないと補助が受けられません。新入社員は給与額も少ないため、たとえば採用年度から毎月少額ずつでも補助を行うことができれば、県内就職の魅力が増すと思います。

これでバージョンアップ

自治体・省庁も一つの組織である以上、「解決すべき課題がない」ことはありえません。組織の課題を発見し、発展的に解決するスキルが、公務員には求められています。面接官との言葉のキャッチボールを意識しながら、客観的な課題抽出を行いましょう。

面接で「ゼロ回答」はありえない

「どう答えたらいいのかな……」と迷ってしまう人が多い質問です。「志望先の自治体・省庁の問題点を指摘するようで、抵抗がある」という声もよく耳にします。

しかし、自治体・省庁も一つの組織です。どんなに健全な運営がなされている組織でも、「まったく課題がない」ということはありません。むしろ、組織が前進し続ける限り次々に課題が発生するのが健全な姿ですし、そのために各部門に職員が配置されているのですから。まずは志望自治体・省庁の職員になったつもりで、課題の抽出を行いましょう。

そもそも、面接官から「ウチの課題を聞かせて」と質問されているわけですので、それに対して「そんなものはありません！」と答えては、会話のキャッチボールが成立しません。**面接試験全般にいえることですが、「ゼロ回答」をすることは絶対に避けましょう。**

公務員の仕事に置き換えれば、過去の施策を検証して課題をリストアップすることは日常茶飯事です。上司からの指示や命令を無視するような回答を行ってはいけません。

とは言え「自治体・省庁を批判することになるのでは……」と抵抗を覚える気持ちは理解できます。ここでは、「課題を挙げる」ことと「批判する」ことはまったく別物であるという点に注意して回答を考えてみましょう。

「公務員批判」や「評論家」にならないために必要なこと

そのために重要なテクニックが、**「課題は客観的に指摘し、解決策は主体的に語る」**ということです。

たとえば、「県内に若者が定着していない」ことは、一つの「事実」です。もちろん、根拠を示したり、見聞きしたことを述べたりするのが大前提ですが、「〇〇のような課題がある」という「事実」を端的に伝えることは、「批判」にはなりません。「批判」とは、「事実」に根拠の乏しい「価値判断」が加わった際に生じます。「若者が地元に定着しないのは県庁の怠慢だ」のような論調ですね。こうなれば批判を通り越して、感情論に基づく誹謗《ひぼう》中傷にもなってしまいます。

一方、評論家のような態度も好ましくありません。「若者の就職先を増やすことが望まれる」といったたぐいの発言です。あなたは無関係の第三者ではなく、これから当事者となる公務員をめざす立場ですから、**提示した課題の解決策については「自分ならこのように考える」「このように施策を変更してはどうか」という、あなた自身の見解を加えましょう。**

志望動機の典型質問5

最近のニュースで関心のある話題は何ですか？

実はこれが知りたい

社会問題への関心の高さや情報収集力、志望動機との関連性を知りたい。社会全体を俯瞰《ふかん》的・客観的に見ることができるだろうか？

関連質問

・今朝の新聞で気になった記事は何ですか？
・時事問題について、友人や家族と話すことはありますか？
・公務員を巡る最近の報道についてどう考えますか？

Before **残念、イマイチ伝わらない！**

これから公務員になる立場としては、ChatGPTなどの生成ＡＩのニュースに関心があります。私自身、大学の課題レポートを作成するに当たって生成ＡＩの「回答」を参考にすることもありました。もちろん参考程度に眺めるだけではありましたが、その完成度には驚くばかりでした。個人的には、行政の仕事にも十分活用できるレベルだと思います。ニュースによれば、生成ＡＩの活用に後ろ向きな自治体もあると聞きますが、公務員の働き方改革のためにも、積極的に活用できればいいのかなと感じます。

After **同じネタでもグッと伝わる！**

これから公務員になる立場としては、ChatGPTなどの生成ＡＩのニュースに関心があります。さらに発展が見込まれる技術ですので、現状では人間によるチェックや協働は欠かせませんが、その学習能力は行政の仕事にも応用可能だと実感しています。すでに多くの自治体で、業務効率化の観点からデータ分析や要約、文章校正などに生成ＡＩを活用するための検討を始めているというニュースを読みました。個人的にも生成ＡＩについて調べることで、行政での有益な活用方法について何か提案できればと考えています。

これでバージョンアップ

面接官が求めているのは、あなたの単なる「感想」ではありません。「社会情勢への関心度」や「情報収集力」をチェックしたいのです。客観的な情報を集めようとする姿勢や、志望動機と関連させた独自のアイデアを示しましょう。

情報を解釈し、あなたなりの見解を述べる

「自治体DXはよいことだ」「児童虐待はかわいそう」「誹謗中傷はやめよう」……。これらは単なる一般論であり、面接官の聞きたいことではありません。

そもそも、面接官は、あなたの気になったニュースそのものに興味があるわけではないのです。この質問では、あなたの「社会情勢への関心度」「情報収集力」「視野の広さや考え方の深さ」などを把握しようとしています。

単に「○○に興味を持ちました」で終わるのではなく、「△△と報道されていますが、自分は□□と感じました。その理由は……」のように、あなたなりの見解を示すことができるネタを探しましょう。必ずしも志望自治体・省庁と直接関連のあるニュースを選ぶ必要はありませんが、Afterの例のように、**それを自身の経験や今後のキャリアビジョン、業務改善のアイデアに結びつけることができれば、格好のアピール材料となります。その意味でも、志望先の政策や課題を意識して、複数のネタを準備しておくと安心です。**

あなたなりの見解を示すためには、意図的に情報に触れることが欠かせません。ニュースソースは新聞やテレビのニュース番組、Yahoo!ニュースやSmartNewsなどのネット

メディアでもけっこうです。まずは、あなたの気になるニュースを探しましょう。

思考の「素振り」で、社会全体を俯瞰して見る

気になるニュースが複数見つかったら、なぜそのようなことが起こったのか（ＷＨＹ）、どのように解決したらよいのか（ＨＯＷ）を考えます。これだけ複雑な価値観や事情が交錯する世の中ですから、ニュースや事件の発生原因と解決策が１対１の因果関係にあることなどはめったにありません。多角的に考えることで、必ず複数の仮説が立てられます。

児童虐待のニュースを例に取れば「母親の社会的孤立」がその一因かもしれません。同時に、親になるための心構えや知識を付与する教育機会が不足していたのかもしれませんし、周辺の保育所など子育て支援施設も利用しづらい状況であった可能性もあります。

複数の仮説を書き出したら、それぞれについて解決策を考えましょう。**この「複数の仮説の洗い出し」→「それぞれの解決策の立案」のプロセスを１日１回素振りのように続けることで、社会問題に関する着眼点が洗練されます❷。**

対照的なのが、「児童虐待をする親なんかダメな人間だ」などの短絡的な結論です。思考の「素振り」を続けて、社会全体を俯瞰して見ることができる公務員をめざしましょう。

❷私は気になるニュースについて Facebook や X（旧 Twitter）に、見解やコメントを添えて共有しています（独自の視点を書く余裕がないときでも、ニュースの核となる部分は引用するなどしています）。通勤時間中にこの作業を行うと決めて、最低でも１日10件近くはニュースに触れ、発生原因と解決策を考えています。「素振り」はかれこれ10年近く続けていますが、これで鍛えた「物の見方や考え方」は、研究者としての仕事はもとより、本書の執筆にも大いに役立っています。

志望動機の典型質問6

公務員にはあまり向いていないように見えますが、どう考えますか？

実はこれが知りたい

否定的な意見にどのように対応するか。ストレス耐性はあるか。圧迫面接でも建設的な反論ができるだろうか？「必ず公務員になりたい！」という熱意を確認したい。

関連質問

・ほかの省（県・市）のほうがやりたい仕事ができるのでは？
・公務員より民間企業のほうが合っているのでは？
・○○について少し考えが浅いのでは？
・不合格になったらどうしますか？

Before 残念、イマイチ伝わらない！

いいえ、私は目標に向けてコツコツ努力する性格ですし、公務員に向いていないとは思いません。御市の業務説明会で職員の方が「ポストが人を育てる」とおっしゃっていました。公務員の職場で頑張って働いていれば、いずれ先輩方のように公務員らしく活躍できるということだと理解しています。私は公共の福祉のために働く公務員に昔からあこがれており、大学1年生の頃から、自分の専攻分野に加えて公務員試験対策の勉強を続けてきました。私が公務員に向いていないということはないと思います。

After 同じネタでもグッと伝わる！

はい、私は先ほども申し上げましたとおり、○○市におけるUターン人口拡大にぜひとも貢献したいと考え、公務員を志望しております。面接官の皆様から見れば至らない点も多いと思いますが、内定をいただけましたら卒業までの間に、常に自己研鑽に励みます。現在、卒業研究の一環で若年層へのインタビュー調査を行っていますので、地方の人口減少が進んでいく要因を検証する過程で、私の強みである分析力を一層鍛えます。４月の辞令交付日には、一回り成長して出席したいと考えております。

これでバージョンアップ

いわゆる「圧迫面接」です。ここで感情的（イラッとしたり動揺したり）になってしまうと、面接そのものが崩壊してしまいます。面接官はあなたを否定したいわけではないので、志望動機を明確に示しつつ、「公務員になりたい」という熱意を建設的に伝えましょう。

面接官が「圧迫面接」を行う理由

面接官は「あなたはウチに向いていないと思う」「キミの考えはちょっと甘いんじゃないの」などと、あえて意地悪な質問をする場合があります。いわゆる「圧迫面接」です。

公務員の職場でも、近年は対人関係や仕事のストレスで心身に不調を来すケースが増加しています。また、クレーマーのような関係者（住民や議員など）と相対することも多いことから、現在の公務員には「ストレスをコントロールする力」や「どんな相手にも冷静に対処する力」が求められています。そのため、**面接の場であえてストレスフルなシチュエーションを再現し、冷静かつ建設的な対応ができるかを見極めたいというわけです。**

このように、圧迫面接は面接官の明確な意図を背景に行われるもので、単なる「受験者イジメ」とは一線を画するものです。決して受験者を追い詰めるためのものではありませんので、「これは圧迫面接だ！」と大げさに身構えないようにしましょう。

明らかに「NG」だな、と思うときは……

私の経験上、多くの面接官は、真摯に自治体・省庁の将来を託せる人材を探しています。

しかし、ごくまれに「不注意な・勘違いしている面接官」もいないわけではありません。たとえば、「尊敬する人物は誰ですか」「あなたのご両親は共働きですか」「結婚、出産しても働き続けられますか」などの質問は「就職差別につながるおそれのある不適切な質問」とみなされます❸。また、いくらストレス耐性を見極めるためとはいえ、いわゆるパワハラ・セクハラに当たる質問は、断じて許されるものではありません。

さらに、ストレス耐性を含む受験者の「優秀さ」は適性検査でも可視化することができます。先行研究によれば、それらの測定については、面接官の主観的な判断が除かれるという点で、面接よりむしろ適性検査のほうが向いているのではという議論もあります❹。

そのため、受験者の立場では判断が難しいところですが、**ほかの自治体・省庁や民間企業等の面接と比較して明らかに度を越えるような質問が繰り返される場合は、「コンプライアンス意識が低い組織」と判断せざるをえないこともありえます。**

採用試験に関する科学的な知見が蓄積されつつある中、やみくもに「圧迫面接」や「不適切な質問」を行い続ける組織は「エビデンスを尊重する風土に欠ける」と理解せざるをえません。これからは、「自分の就職先は自分の目で選ぶ」という視点が、ますます大事になるでしょう。

❸「就職差別につながるおそれのある不適切な質問の例」（大阪労働局ウェブサイト）
❹『採用学』（服部泰宏著、新潮社）p.137-140

最後に何か質問はありますか？

実はこれが知りたい

本省（県・市）についてどの程度の関心があるか。熱意や本気度はどの程度か。合否のボーダーライン上なので、最後に決め手となりそうな材料がないか確認しておこう。

関連質問

・「これだけはアピールしたい」ということはありますか？
・この機会に何か確認しておきたいことはありますか？
・最後に言い足りないことがあれば、一言でお願いします。

Before 残念、イマイチ伝わらない！

それでは、何点か質問させていただきます。○○県職員の育児支援の制度について、どのようなものがあるのか、教えていただけないでしょうか。また、社会的に男性の育休取得率の低さが問題となっていますが、○○県の男性職員の育休取得率を教えてください。私は将来家庭を持っても仕事との両立を図って頑張りたいと考えておりますので、この機会に勉強させていただきたく質問しました。ちなみに、転居を伴う人事異動については、どの程度個人の事情を考慮していただけるのでしょうか。

After 同じネタでもグッと伝わる！

それでは、一つ質問させていただきます。○○県の職員として働くうえで、採用までに習得しておくべきスキルや知識はどのようなものがあるでしょうか。私は、他者と円滑なコミュニケーションをとれることが自身の強みであると自覚しています。ゼミ活動やアルバイトでも、常に強みを伸ばすことを意識していますが、○○県職員として必要なスキルはそれだけではないと思います。もし採用内定をいただけるのであれば、これから採用までの間に、必要なスキルの習得に励みたいと考えています。

これでバージョンアップ

採用ウェブサイトなどで少し調べればわかる質問をすることは、「熱意がない」という評価につながります。また、「質問はありません」と一言で片づけてしまう人もいますが、「本気でウチに来たければ、質問の一つや二つはあるだろう」と面接官は考えています。

「当然聞きたいことがあるよね」というのが面接官の本音

「最後に聞きたいことはありますか?」、いわゆる「逆質問」は、面接のラストで定番の質問です。面接官の意図は「関心や志望度、熱意の最終確認」と「合否の最終評価」です。

面接官が最も恐れることの一つに、合格者の内定辞退があります。そのため、面接では手を替え品を替え、志望度や熱意をチェックされていると考えてください。

「志望度が高ければ、事前の業務説明会や採用パンフレット、ウェブサイトなどの情報だけでは不足感があるだろう」というのが、面接官の発想です。そのため、ちょっと調べればわかる質問をしたり、「特に質問はありません」で終わらせてしまったりする受験者は、「あまり志望度が高くないんだな……」という評価につながりかねません。

「この質問をすればOK」という唯一絶対の解はありません。事前に準備した質問の中から選ぶのもいいですし、面接のプロセスで感じた疑問を率直にぶつけてみてもいいでしょう。ただし、**「人事異動の希望は必ず通るのでしょうか」や「残業は月何時間ぐらいでしょうか」などの質問については避けたほうが無難です。**待遇や人事異動、残業に関する質問は「自分の権利を優先するタイプなのかな?」と受け取られる危険性があります。いずれも働くうえで大切な要素であり受験者の関心事なのですが、好ましく思わない面接官がいるのも事実です。あなたの志望の強さや仕事への熱意を表現できるような質問を考えましょう。

最後の質問で合否が最終判断される場合も

さらには、「あなたが合否のボーダーライン上にいて、評価を決定づけたい」場合もあります。**これまでの面接プロセスでイマイチ決定打に欠ける場合などに受験者に質問を促すことで、その「ポテンシャル」や「熱意の度合い」を確認したいというものです。**質問内容によっては「やはりウチの職員になりたいんだな」「案外、こちらの意図は伝わっているんだ」と、面接官が安心することができるのです。ある意味では面接官からの助け舟とも理解できるのですから、活用しない手はありません。

留意点は「面接のラストで会話のテンポを乱さないこと」と「面接官を困らせないことです。たとえば、あまりに専門的な内容を含む質問だと、面接官が正確に答えられない事態にもなりかねません。**After**の回答例のように、どこの自治体・省庁でも使える汎用性が高い質問を用意しておくと安心です。面接官の主観的な意見や見解を求める内容であれば、面接官が回答に窮するリスクも限りなく少なくなります。

1分程度で自己PRをお願いします。

実はこれが知りたい

まずは緊張を解いて、話し方やエピソードを通してあなたの人柄を知りたい。簡潔明瞭に話す力はあるだろうか？

関連質問

・今日はどうやってこの会場まで来ましたか？
・緊張していますか？
・集団面接・集団討論はうまくできましたか？
・簡単に自己紹介をしてください。

Before **残念、イマイチ伝わらない！**

はい。私は大学でキャリア教育学のゼミに所属しており、「若年労働者におけるジェネリックスキル獲得の規定要因」をテーマに卒論を書いています。現在は、ゼミ生で集めたデータの分析作業を行っています。サークル活動では、1年生の頃から硬式テニスサークルに所属しています。3年生のときに副部長を務め、部長をサポートしました。アルバイトは、近所の中華料理店で3年間接客をしており、さまざまなお客様と接することでコミュニケーション能力を磨いています。趣味はドラムの演奏で、友人たちとのセッションを楽しんでいます。このように、さまざまな活動に積極的に参加して見聞を広げています。

After **同じネタでもグッと伝わる！**

はい。私は、周囲の友人から「聞き上手」とよく言われます。普段から誰かと話をするときは、まずじっくりと相手の話に耳を傾けて、必要な情報を十分に理解してからコメントをしよう、と心掛けているからだと思います。このような「聴く力」は、大学のゼミで民間企業の若手社員の方30人にインタビューした経験から学びました。限られた時間で多くの情報を集めるには、相手に安心してしゃべってもらうことが欠かせないので、短時間で信頼構築を図る努力を重ねました。○○県庁の職員になってからも、積極的に関係者の話に耳を傾けることで、良好なコミュニケーションを図っていきたいと考えています。

これでバージョンアップ

「自己PR」は「自己紹介」と必ずしも同義ではありません。氏名や出身大学名、サークル活動などの情報は面接カードに記載があり、面接官にも既知の情報です。あなたの強みや意気込みについて、それを裏づけるエピソードを1つ添えて伝えましょう。

「自己紹介」と「自己PR」は違う！

「あなたはどういう人間ですか？」は、面接の主テーマです。そのため、「自己PR」の質問は、受験者をリラックスさせるアイスブレイクであると同時に、「あなた」という人間を面接官に強く印象づける「決定的な質問」であるとも理解すべきです。

「『自己紹介』と『自己PR』の違いは何ですか？」とよく聞かれます。似通ったニュアンスの言葉ですが、**前者は「氏名や経歴、趣味などの事実・情報の提供」です。それに対して後者は、「その人なりの強み・持ち味などをアピールすること」になります。**

そのため、「自己PR」と問われたときは、氏名や大学名などの経歴を羅列するような回答は避けましょう。面接官は面接カードを事前に熟読していますので、既視感が出て白けてしまいます。ここでは、あなた自身の強みや熱意をアピールする必要があるのです。

具体的な自己PRのトリセツ

最初に、**「一番の強みやアピールポイント」**を伝えます。「聞き上手」「沈着冷静」「元気いっぱい」など、これまでの自分を振り返り、一番魅力が伝わる言葉を探しましょう。

次に、**「それを裏づける具体的な事実やエピソード」**を述べます。この際、「私はこう思っている」だけでは説得力に欠けます。たとえば**「友人から〇〇だと言われる」など、第三者の意見や感想が加わると、客観的な印象を与えることができます。**

最後に、**「それらの強みを公務員として職務にどのように活用したいか」**について語ってください。最大のポイントは、面接官が「職場で活躍するあなたの姿」をどれだけイメージできるかどうかだからです。

気をつけてほしいのが、この質問が面接の冒頭で行われることが多い点です。面接冒頭で受験者が丸暗記してきた内容を長々としゃべりすぎてしまうと、会話のテンポが大きく乱れるほか、面接全体の時間が圧縮されてしまいます。「絶対に話すべきポイント」とそれ以外を、あらかじめ明確に整理しておきましょう。

また、「〇分以内で」と時間制限が課されることもあります。時間制限がない場合でも、一般的に1分を超えると冗長感が出てしまいますので、**1分以内で話せるよう実際に声に出して何度も練習しましょう。**

ちなみに、**面接において1分で話せる文字数は、だいたい「300字程度」**と言われています。自己PRを文章にまとめる際の目安にしてください。

あなたの長所と短所について教えてください。

実はこれが知りたい

自分自身を客観視できているか、自己肯定感は高いか。
長所について仕事に活用可能か、
短所を克服しようとする努力を行っているか、聞いてみよう。

関連質問

・自分ではどんな性格だと思いますか？
・自分自身の好きな点はどんなところですか？
・あなたは周りの友人からどんな人だと言われていますか？
・これだけは他人に負けないというところを教えてください。

Before

残念、イマイチ伝わらない！

私は「異なる世代の方々ともうまくやっていける」のが自分の長所だと思います。現在は大学の勉強と並行して地域のボランティア活動に参加したり、スーパーでアルバイトをしたりしていますが、参加者に同世代はおらず、ほとんどが私の親世代の皆さんです。父や母と話す感覚で、なるべく壁をつくらないようにコミュニケーションを図っています。逆に短所としては、「人づきあいに壁をつくらなすぎる」ことです。友人からは「よくそんなにいろんな人と意気投合できるね」などと、あきれられることもあります。

After

同じネタでもグッと伝わる！

私は「異なる世代の方々ともうまくやっていける」のが自分の長所だと思います。人見知りを克服したかったので、なるべく世代や年齢が違う方たちとも交流しようと、地域のボランティア活動に参加したり、母親世代のパートさんが多いスーパーでアルバイトをしたりしています。わからないことを積極的に質問し、意識して雑談の輪に加わることで、考え方や価値観の違いを理解することができ、結果として良い関係を築くことができました。そのおかげで、短所である人見知りも、だいぶ克服しつつあると感じています。

これでバージョンアップ

面接官は、あなたの長所や短所に対する自己評価を通して「自分を客観視できるか」「職場で活躍できそうか」などを観察しています。長所はあくまで仕事への応用可能性が勝負になりますし、長所を裏返したあざとい短所はすぐに見透かされてしまいます。

仕事に関連づけた長所を語る！

面接官に「採用後も部下として活躍する人物」であると強く印象づけるためには、**可能な限り「仕事に関連づけられる長所」をアピールすべきです。併せて、その根拠となるエピソードを示しましょう。**面接官が、職場で活躍するあなたをイメージできればＯＫです。

また、「時間や約束を守る」「責任感がある」「体調管理をする」などは、仕事に関連性はあるものの、社会人の基本的な常識にすぎません。毎日遅刻せずに授業に出席する大学生は「まじめな学生」と評されますが、遅刻しないで出勤する社会人は「普通の人」です。いくらアピールされても、面接官としては「当たり前だなぁ」としか思えないのです。

「小学1年生からずっとバイオリンのレッスンを続けている」などの「物事の継続性」といった切り口は適しています。ただしこの場合も、「親に言われたから」「楽しいのでなんとなく」といった「惰性で続けている」ニュアンスを醸し出さないようにしましょう。

「短所があること」は「悪いこと」ではない

短所についても注意が必要です。まずは**「社会人または公務員として致命的な短所まで**

言う必要はない」ことを理解しましょう。

たとえば「対人コミュニケーションが大の苦手」「打たれ弱い」「協調性がない」「時間にルーズ」などは、公務員になってからの仕事に支障を来しかねないレベルの短所です。まずは公務員としての適性について考え直すほうが先かもしれませんが、面接で積極的に伝える必要はありません。

面接官が知りたいのは、**Chapter3**でも解説したとおり「自分自身を客観視でき、必要な改善を図ることができるか」ということです。誰しも短所や欠点があるからこそ、それを改善する努力が重要なのです。ここでは**「『仕事に支障を来さない範囲の短所』＋『それを改善するために心掛けていること』」を端的に伝えましょう。**もちろん、短所を改善する姿勢や心掛けについては、面接で語るだけではなく、実際に公務員として働く際にも必要となることは言うまでもありません。

また、ネガティブな印象を避けようと**「長所を裏返した短所」**を準備する受験者もいます。しかし、**Before**の例からもわかるように、受験者としてはうまくいったつもりでも、**面接官からすれば「あざとい」印象は否めません。**とらえ方次第では「ゼロ回答」にもなりますので、余計なマイナスポイントになってしまいます。

自己PRの典型質問3

あなたの趣味について説明してください。

実はこれが知りたい

具体的なエピソードからあなたの人柄を把握したい。「面接モード」ではない素の姿や自己管理能力を確認したい。

関連質問

・余暇や休日はどんなふうに過ごしていますか?
・スポーツや体力づくりを何かしていますか?
・ストレスの解消法はありますか?
・月に何冊ぐらい本を読みますか?

Before 残念、イマイチ伝わらない！

面接カードにも書きましたが、スポーツでは卓球、そのほかには読書や音楽鑑賞が趣味です。卓球は中学生の頃から続けており、今でも週末に体育館で汗を流して練習しています。読書は、乱読というわけではないのですが、書店やコンビニなどで興味のある本を見かけたときに購入して読んでいます。音楽鑑賞については、クラシックやJ-POP、K-POPなど幅広く聴いています。読書も音楽も、Amazonなどの口コミレビューを参考にして、あえてジャンルを絞らず評価が高いものを選んでいます。

After 同じネタでもグッと伝わる！

中学生の頃から現在まで卓球を続けています。週末は近所の体育館で、社会人チームに入って汗をかいています。卓球は、体力的に負荷がかかるトレーニングを繰り返さなくても、楽しんで続けているうちにいつの間にか基礎体力を上げられるスポーツです。そのおかげで公務員試験の受験中も体力を維持することができています。また、球を目で追うことで動体視力や反射神経が鍛えられますし、試合展開を考えながらプレーしますから、集中力や判断力も養えます。卓球は今後も続けていきたい大切な趣味です。

これでバージョンアップ

面接では観察しにくい「人柄」や「素の姿」を知りたいという質問です「自分の好きなこと」をイキイキと語れる人に、面接官は若者らしい魅力を感じます。面接官の意図を理解して、面接カードで表現し切れないあなたの人柄を伝えましょう。

「良いプライベート」と「良い仕事」は車の両輪

本来、趣味は個人的なものであることは百も承知です。率直に言えば、この質問で合否を判断しようとは面接官も考えてはいません。「受験者が話しやすいテーマを投げかけて緊張をほぐそう」という意図が含まれているのだと理解しましょう。

入念な対策で「面接モード」になっている受験者の「素の姿」はなかなか見られません。**面接官は「職場にフィットするかどうか」の判断材料として、趣味に没頭しているあなたの「素の姿」を垣間見たいと考えています。**

あなたも、自分の好きなことについて熱く語る人物には好感を抱きませんか？　「良いプライベートは良い仕事を創造する」という側面もありますので、自分の夢中になっている趣味について語ることに抵抗を感じる必要はありません。

「自分は無気力・無感動ではない」とアピールする

私は女子短大に勤務しています。大多数の学生は、まじめで目的意識を持って学生生活を過ごしていますが、なかには、漫然と日々を過ごしている人を見かけることもあります。

公務員の仕事は一見単調で根気の必要な仕事（ルーティンワーク）も多いものです。特に採用間もないうちは、コピー取りなどの単純作業がメインの業務ということも、決して珍しいことではありません。そのような仕事に対して腐らずに、自分なりに目的意識を持ち、やりがいやおもしろさを見いだす力が必要なのです。そのため、面接官は「無気力・無感動・無目的」に見える受験者には、ネガティブな印象を抱きます。

趣味と仕事はまったく異なるものですが、「何か一つのことに打ち込める能力は、仕事にも応用できるのではないか」と面接官は考えています。だからこそ、自分の趣味について熱く語るべきなのです。

なお、「インドアよりアウトドアの趣味のほうが有利ですか？」「読書や音楽鑑賞だと地味すぎるでしょうか？」などとよく質問されます。いずれも、その趣味自体の良し悪しではなく、**「どのような点に興味を持ったのか」「どこが一番魅力的なのか」などについて、自分の言葉で語れるかどうかがポイントになります。**

たとえば、「散歩」や「人間観察」なども立派なあなたの趣味になりえます。「自分は面接で語れるような高尚・リア充な趣味がない」と落ち込む前に、心ひかれる活動が本当にないのか、日々の生活全般について見直してみましょう。

自己PRの典型質問4

あなたが苦手な人や嫌いな人はどんなタイプですか？

実はこれが知りたい

職場の上司や同僚と良好なコミュニケーションが築けるか。「異質な人」とどのようにつきあえるかを確認したい。

関連質問

・グループの中であなたはどんな役割ですか？
・人間関係で失敗したことはありますか？
・周囲と意見が対立・衝突したときはどう解決しますか？

Before **残念、イマイチ伝わらない！**

実は、ゼミの担当教授が苦手なタイプです。好意的に見れば「研究者気質」ということになるのだと思うのですが、自分の関心があることにはものすごくこだわりが強い反面、卒論の指導をお願いしていた時間に遅れてくるなど、ルーズなところがあります。ちょっとしたことでも前触れなく激怒するときもあり、ゼミ生の間でも「コミュニケーションがとりづらい」と評判です。また、サークルでも同じような性格の先輩がいて苦労しました。このことから、私はキャラがつかめないようなタイプの人が苦手だと思います。

After **同じネタでもグッと伝わる！**

私は、時間にルーズな人が苦手です。たとえば、友人3人との待合せで連絡もせず集合時間に30分遅刻してきた人に、思わず文句を言ったことがあります。実は、友人が乗った電車が事故で遅れ、スマホの充電切れで連絡できなかったという事情があったのを後で知りました。私自身が普段から時間厳守で行動しているので、相手にもそれを求めてしまっていたのだな、と反省しました。今でも時間のルーズさに対する苦手意識はありますが、怒りをぶつける前に理由を聞くなど、相手の事情にも耳を傾けるように心掛けています。

これでバージョンアップ

仕事をするうえで「苦手な人」は避けては通れません。配属先の上司や仕事の関係者は選べないのですから。ここでは、「どんな相手ともそれなりに対応していける」姿勢を面接官に示しましょう。また、「個人攻撃」や「悪口」ととらえられない配慮も必要です。

職場では、働く相手を選べない！

「苦手な人」や「嫌いな人」がいるのは当然のことです。特に現代は価値観も多様化しています。「苦手な人」がいること自体は、まったく問題ではありません。面接官も、苦手なタイプの上司に仕えたことは一度や二度ではないでしょう。

これは、あなたのコミュニケーション能力を確認するための質問です。職場は年齢や性別、価値観などの異なる「異質な人」の集団ですから、そこにフィットして活躍するためには、どんな相手ともそれなりにコミュニケーションをとらなくてはいけません。**ここではあなたの「コミュニケーション能力」や「適応力」についてアピールしましょう。**

なお、「私の周りには好きな人しかいません！」という人は、よっぽどのお人よしか、人間関係でえり好みをする人だと面接官は判断します。

「苦手な人」ともうまくやっていける姿勢を示す

この質問に対して、特定の個人を名指ししたり、身近な人を完全否定したりするのは考え物です。話がリアルすぎて面接官も引いてしまいますし、「上司や先輩の悪いところをあら探しする人なのかな」と勘繰られてしまいかねません。「他人の悪口を言う人」と「職場にフィットして活躍する人」は、対極にあるといってもよいでしょう。

要は言い方・表現のしかたです。「罪を憎んで人を憎まず」のスタンスを保ちましょう。**たとえば「時間にルーズなタイプ」「他人の話を聞かないタイプ」「悲観的なタイプ」「感情の起伏が激しいタイプ」など、面接官も共感できるような表現に置き換えてみましょう。**個人を批判するよりもいい意味でインパクトが薄まりますし、面接官も長い公務員生活の中でこうしたタイプの人には必ず遭遇しています。

さらには、「時間にルーズなタイプが嫌いということは、タイムマネジメントがしっかりできる人なのだろう」と面接官に推測させるプラスの効果も期待できます。

しかしながら、あくまで主眼はあなたの「コミュニケーション能力」や「適応力」をアピールすることです。苦手なタイプの人を無理に好きになる必要はありませんが、そうした人たちと「それなりにつきあってこられた」という事実が重要なのです。

公務員になれば、配属先の先輩や上司、住民などの関係者は自分で選ぶことはできません。ですから、**どんな人ともそれなりにつきあえる能力が必要不可欠です。**面接官は「苦手な人」の質問を通して、「職場で共存できる力」の有無を確認したいと考えています。

自己PRの典型質問5

最近の出来事で一番感動したことは何ですか？

実はこれが知りたい

あなたの価値観や感受性、モチベーションの源泉について聞いてみよう。どんな出来事に心動かされる人物なのだろうか？

関連質問

・最近の出来事で強く印象に残ったことは何ですか？
・あなたのモットーや大事にしていることは何ですか？
・将来の夢・目標は何ですか？

Before 残念、イマイチ伝わらない！

私が最近感動したのは、所属しているボランティアサークルの活動が続いていることです。３年生のときから、急な大雨などの際、傘を持っていない学生に無料で傘を貸し出す「シェア傘運動」を始めたのですが、活動初年度は利用者が少なく、貸し出した傘が戻ってこないなどのトラブルもあり、満足のいく活動ができませんでした。現在、活動は後輩に引き継いでいるのですが、大学新聞にＰＲの広告を出すなど、一生懸命懸命活動しているようです。活動を引き継いでくれた後輩たちのひたむきさに、胸がいっぱいです。

After 同じネタでもグッと伝わる！

私が最近感動したのは、所属しているボランティアサークルの活動が広がっていることです。３年生のときに、急な大雨などの際、傘を持っていない学生に無料で傘を貸し出す「シェア傘運動」を始めたのですが、初年度は知名度の低さから十分な活動ができませんでした。そこで「なぜ活動が認知されないのか」を分析して後輩に引き継ぎ、失敗談を踏まえたアドバイスなどできる限りのサポートをしました。順調に利用者も増え、後輩から「先輩のアドバイスのおかげです」と言われたときは、胸がいっぱいになりました。

これでバージョンアップ

あなたの人柄を知りたいという意図の質問です。無関心・無感動な人は感動を与える仕事はできませんし、感受性・共感性も仕事の成果を得るための大事な資質です。第三者的な伝聞よりも、「あなた自身がかかわった出来事」のほうが説得力が増します。

「無気力・無関心・無感動」は嫌われる

「面接モード」でないあなたの人柄が垣間見える質問です。「感動した出来事」そのものではなく、**あなたの価値観や感受性、どのようなことがモチベーションの源なのかについて、面接官は知りたいと考えています。**

「感動」というと、アカデミー賞受賞映画や、オリンピック・ワールドカップの手に汗握る試合を見て「思わず涙が流れて止まらない。感動をありがとう！」などというシーンを想像しがちですが、そこまで大げさに考えなくても大丈夫です。

たとえば、「心を動かされた」「琴線に触れた」と置き換えてもいいですし、「とてもうれしかった・楽しかった・ほっこりした」と変換しても許容範囲です。**要は「ある出来事のどんなところに、あなたの心が動いたのか」が面接官に伝わればよいのです。**

「最近感動したことは……、特にありません」で終わっては、会話のテンポが乱れてしまいますので、そのようなゼロ回答は避けましょう。日々の生活の中で該当する出来事をいくつか思い出し、どこが自分の心を動かしたポイントだったのかを、もう一度整理してみる必要があります。

主体的にかかわった出来事で、あなたの人間性を伝える

「初対面の面接官にあなたの人間性を伝える」という視点では、「映画やテレビを見て……」や「好きなスポーツ選手の活躍に……」などの**第三者が主体の内容よりも、あなた自身が主体的にかかわり感動を得た身近な出来事のほうが、よりリアリティを感じさせることができます。**

何もドラマティックな出来事である必要はありません。公務員の職場も日常生活の一コマなのですから、むしろ日常生活の何気ないことから感動を得られるという資質が好まれるといえます。友人や家族など身近な人との関係でも、アルバイト先やボランティア活動などで出会った人とのエピソードでも、心に残ったことを思い出してください。

ただし、「過度に感情的な人物だと思わせない」ということには注意が必要です。「号泣してしまいました」「死ぬほど感動しました」などの大げさな表現を乱発すると、「この人、情緒不安定なのかな……」と面接官は不安になってしまいます。メンタル面を安定させることやストレスマネジメント能力は、公務員に必須の力ですので、誤解を与えないように表現のしかたに気をつけましょう。

ガクチカの典型質問1

学生時代に力を入れて取り組んだことについて説明してください。

実はこれが知りたい

ガクチカを通してどのような経験をし、何を学んだ？
それを仕事にどうやって活かせるか？
自身の強みは過去のどのような経験や行動から培ったのだろうか？

関連質問

・成果や達成感を得られた学生時代の経験は何ですか？
・クラブ・サークル活動について説明してください。
・アルバイトの経験とそこで学んだことについて教えてください。
・ボランティア・地域活動の経験はありますか？

Before **残念、イマイチ伝わらない！**

学生時代に力を入れたのは、ボランティアで行っている空手道場のコーチです。私自身小学校入学前から空手を習っており、空手の楽しさを子どもたちに伝えたいと考え、近所の道場に週3日通っています。道場には幼稚園から中学生までの門下生がおり、黒帯になることを目標に練習しています。やる気や集中力も子どもによって異なりますので、手を替え品を替え、工夫しながら指導しました。その結果、この3年間で昇級できなかった門下生は一人もいません。今後も、空手を通した子どもの成長に貢献したいと思います。

After **同じネタでもグッと伝わる！**

ボランティアで行っている空手道場のコーチです。私自身小学校入学前から空手を習っており、空手の楽しさを子供たちに伝えたいと考え、近所の道場に週3日通っています。道場には幼稚園から中学生までの門下生がいますが、それぞれやる気や集中力に幅があります。指導する際は、練習風景を動画に撮影して視覚的に確認させ、最近のヒット曲に合わせて体を動かす時間を設けるなど、子どもの興味関心に寄り添うことを意識しました。相手に合わせた指導方法を考えることは、私自身の学びにもつながっています。

これでバージョンアップ

「○○を頑張った」→「その結果は□□だった」だけでは、単なる事実を述べているだけです。面接官は、「ガクチカ」を通してあなたが何を学び、どのような点が成長したのかを知りたいと考えています。ガクチカを経た「自分自身の変化」について語りましょう。

「ガクチカ」＝「事実の発表」ではない！

面接官は、なぜ「ガクチカ」が気になるのでしょうか。それは、目の前の受験者が「本気で何かに取り組める人か」「経験から何かを得たり、学んだりすることができる人か」を見極めたいからです。

そのため、**どんなにすばらしい体験や珍しい経験を語ったとしても、「あなたに生じた変化」や「あなたの成長」を面接官が認識できなければ意味がありません。**「私は○○という努力をしました」→「その結果は□□でした」だけでは、ダメなのです。

最も大切なのは「あなたの変化」です。ネタ自体は他の人と似通ったとしても、そこで学ぶことは多種多様ですから、気にする必要はありません。また、**チームで働く公務員としての適性をアピールする材料として、「他者とかかわるネタ」は有効です。**勉強や趣味など個人中心の活動でも、他者との関係性に注目することで、掘り下げることが可能です。

「ガクチカがありません」と悩んだら

「私はフツーの大学生なので、ガクチカのネタがない……」と悩んでいる人も多いでしょう。その場合**「直近3年で最も時間を割いた活動」を思い浮かべてください。**なぜそれに時間を割いたのか、どのように行っていたのかなどを突き詰めると、ネタの種を見つけることができます。学費の足しにするためアルバイト中心の大学生活だった人であれば、別にアルバイト先が華やかな職場である必要はありません。ありふれたアルバイトだとしても「留学生のアルバイト仲間とのコミュニケーションを工夫した」「親世代の先輩パート社員に積極的に質問をして仕事のコツを学んだ」など、探せばネタは無数に見つかります。**「ネタがなければ、創る」という発想も必要です。**たとえば、本書を読んでいる人の多くは、公務員試験対策の勉強を行っています。もちろん、単に「勉強していました」では説得力に欠けますが、忙しい学生生活の中でどのように試験勉強の時間を捻出したのか、参考書や学内講座の費用を工面するためにどのような工夫をしたのか、受験仲間に呼びかけて面接や集団討論の対策を行ったなど、いくらでも話を膨らませることはできます。

さらには、**「結果は必ずしも出ていないけれど頑張っていること」**も、ガクチカになるのです。たとえば「ダイエット自体には成功していないけれども、毎日ジョギングを続けている」「目標のＴＯＥＩＣスコアにはまだ届かないが、留学生と英会話を練習する機会を設けている」などです。このような成長途上の出来事も、立派なガクチカになりえます。

ガクチカの典型質問2

大学のゼミ・卒論のテーマについて説明してください。

実はこれが知りたい

勉強の目的意識から仕事への目的意識の有無を推し量りたい。自分の「義務」に対して、どのようにモチベーションを維持しているのだろうか?

関連質問

・オンライン授業を受けてみてどう感じましたか?
・得意科目/苦手科目は何ですか?
・大学の専攻や学びの成果は仕事にどのように活かせますか?
・取得した資格・免許は仕事に活かさないのですか?

Before

残念、イマイチ伝わらない！

私は社会学のゼミに所属しており、「地域の宝さがし」を旗印とする地元学を学んでいます。卒業論文のテーマは「地元農家と暮らし」です。ゼミでは環境社会学や地域社会学を中心に議論していますが、これからはグローバルな世の中ですので、定期的にTOEICを受験するなど英語の勉強にも力を入れています。そのほか、ITパスポートや簿記の資格取得などにも励んできました。このように、私は卒論のテーマに限らず、あらゆる分野の勉強について怠ることがないよう心掛けています。

After

同じネタでもグッと伝わる！

私は社会学のゼミに所属し、「地域の宝さがし」を旗印とする地元学を学んでいます。卒業論文のテーマは「地元農家と暮らし」です。社会学の研究対象は私たちの生きる社会そのものです。農家の現場に足を運んで話を聞き、時には農業を体験することを通じて課題を発見しようと頑張っています。これから現場訪問を重ね、いい卒論を書くために努力を続けます。また、指導教員の○○先生は成績評価が厳しいことで有名ですが、先生のゼミや講義では、3年次まですべてA評価をいただくことができました。

これでバージョンアップ

卒論も仕事も、「あなたのやるべきこと」です。「目的意識を持って勉強する人は、同じ姿勢で仕事にも臨むだろう」と面接官は考えます。「あれもこれも」とアピールするのではなく、問われたことに対して「何を目的に学んだのか」に焦点を当てて語りましょう。

「勉強をサボる人」は「仕事もサボる人」である

大学生にとっての「勉強」は、果たすべき「義務」のようなものです。もちろん、それぞれ自分の興味のある専攻分野を選択していますが、取得すべき単位が指定され、取り組み姿勢や成果物（卒論・レポートや試験の結果）が他者から評価されるという意味では、公務員における「仕事」の位置づけとあまり変わりはありません。

このことから、**「目的意識を持って勉強する人は、同じ姿勢で仕事にも臨むだろう」と面接官は考えます。**「勉強をサボる人は、仕事もサボるよね」とも言い換えられますね。

公務員の仕事では、「目的意識を持てるか」がカギになります。民間企業と違って定量的な成果が見える仕事が少ない分、自分でモチベーションを維持できるかが重要なのです。そのため、学生の「義務」である「勉強」について意欲的に取り組める人物は「仕事もしっかりやってくれそう」と、面接官に歓迎されるのです。

面接で大学の成績が重視される傾向に

官民を問わず、面接では「部下として活躍できる人」や「職場にフィットできる人」が重宝されています。つまり、これまでの面接では、受験者の「人柄」や「キャラクター」が最重要視されてきたのです。これは、職歴を持たない学生を採用した後、自組織にふさわしい人材に育成して長く働いてもらうという「新卒一括採用」「終身雇用」などのわが国独自の雇用慣行が大きく影響しています。

ところが、近年、「採用選考において大学の成績を重視すべき」という議論がなされています❺。端的に議論をまとめれば、**「面接でうまいコメントができるだけの学生より、大学でしっかり勉強して成果を出している学生のほうが、職場で活躍できるのかもしれない」**ということです。必ずしも重要視されてこなかった「大学の勉強」が、にわかにクローズアップされているのです。

これは一義的には民間企業における採用の動向です。しかしながら、優秀な人材を官民で奪い合わざるをえない昨今、こうした動向が公務員採用試験に波及しないとも限りません。さらに言えば、「学生の本分は勉強」と考える面接官もいます。

もちろん、大学の成績には自信がない人もいるでしょう。その場合は、工夫したレポートや卒論の進捗状況などに目を向けてください。**自分なりに力を入れたポイントについて「これだけは本気で取り組んだ！」という姿勢を見せることが重要になるのです。**

❺「中間とりまとめと共同提言」（採用と大学教育の未来に関する産学協議会、2019年4月22日）

ガクチカの典型質問3

これまでに経験した挫折や失敗について教えてください。

実はこれが知りたい

仕事で苦労や失敗をした際に、どうやって克服できるか見極めたい。失敗や挫折から何を学び、どのように活用していけるのだろうか？

関連質問

・人生で一番つらかった思い出は何ですか？
・学生時代に苦労した経験をどうやって乗り越えましたか？
・前職での失敗談と、それをどのように解決したのかを教えてください。

Before

残念、イマイチ伝わらない！

私は、アルバイト先のビジネスホテルのフロント業務で失敗を経験しました。事前にお客様からお預かりした荷物をお返しする際に、誤って他のお客様のものと取り違えてしまい、クレームを受けてしまったのです。私なりに誠心誠意おわびをしたのですが、なかなかお許しいただけず、フロントマネージャーに間に入っていただくことで、なんとか事態を収拾できました。学生気分が抜けないまま対応してしまったことが原因だと思います。実社会の厳しさを垣間見ることとなり、今でも反省しています。

After

同じネタでもグッと伝わる！

私は、アルバイト先のビジネスホテルのフロント業務で失敗を経験しました。事前にお客様からお預かりした荷物をお返しする際に、誤って他のお客様のものと取り違えてしまい、クレームを受けてしまったのです。その原因は「荷物番号の確認が不十分」という私のケアレスミスでした。それ以降は、些細なことでも社員スタッフにダブルチェックをお願いするなど、ミスが発生する前に防げるよう注意しています。スタッフの間のコミュニケーションが密になり、業務をよりスムーズに行えるようになりました。

これでバージョンアップ

「挫折経験」や「失敗談」自体をダラダラと話し続けても意味がありません。大切なのは「挫折から学び、成長できるかどうか」ということです。人生には挫折や失敗はつきもの。転んだときにどのように立ち上がるのかを、面接官は聞きたがっています。

大切なのは「転んだとき、どのように立ち上がるか」

挫折や失敗は、どのようなときに発生するでしょうか。もちろん、ケアレスミスは日常的に発生します。しかしながら、立ち直れないくらいの大きな失敗は、「リスクを恐れず自ら挑戦した」ときに発生することが多いというのが実感です。

常に成功し続けることは、誰にもできません。それはベテラン公務員である面接官も同じです。長く働いていれば、誰しも大きな挫折や失敗の一つや二つを経験しています。挫折や失敗を恥じる必要はまったくないのです。

この質問で面接官は、「あなたが転んだときに、どのように立ち上がるか」を見たいと考えています。挫折や失敗をした際に反省をしなければ、また同じことを繰り返してしまいます。**大切なのは、それらを通して自分に足りなかった能力に気づいたり、これまでにない視点を得たり、価値観の変革を起こしたりするということです。**「○○という失敗から、□□という視点を得た」というような具体的なエピソードがあれば、説得力が増します。

ポイントは、「この受験者の挫折から学んだ経験は、仕事にも活かせそうだな」と面接官に想像させることです。面接官は挫折経験や失敗談自体を聞きたいわけではありませんので、それらを延々と語ることはやめましょう。

身近な失敗談をポジティブに分析してみよう

さらには、「どのように挫折や失敗を克服したか」「挫折や失敗から何を学んだか」「今後はどうしたいと考えているのか」を面接官は把握したいのだということも押さえておきましょう。ここでも「華々しい挫折経験」は必要ありません。**「ゼミ・サークルでの人間関係のトラブル」「アルバイト先での失敗談」「大学や高校時代の部活動での敗退経験」などの身近な話題から、なんらかのネタを見つけることができるはずです。**

人によっては「家族や大切な人の病気や死」「大きな自然災害や事故」などが挫折経験ということもありえますが、それらはどちらかというと「突然の災難・不幸」であり「不可抗力」に近いニュアンスになります。自分の意思や努力ではどうしようもないという点で、この質問の意図とはずれてきますので、避けたほうが無難です。

なお、公務の特性上、大きな失敗が命取りとなる仕事もあります。そのため、**「過去の失敗の要因を分析し、同じ失敗を繰り返さない」という視点も忘れないようにしてください。**いくら学び多い挫折や失敗だとしても、ただ経験すればよいわけではありませんから。

今すぐ転職を考えていない人のためのキャリア戦略

田中研之輔　著
ディスカヴァー・トゥエンティワン
1760円

年間200回以上登壇する著者が説く新しいキャリア論。「形式知でなく実践知」「日頃の働き方を考える」「キャリアを時間軸で考える」などは、公務員のキャリア形成にも有用。職場で元気に働くヒントにあふれる一冊だ。

10年後の仕事図鑑

落合陽一／堀江貴文　著
SBクリエイティブ
1540円

「10年後になくなる仕事」や「今後生まれる仕事」として、50近くの職業の未来を分析。労働観やお金の価値の変化、組織と個人の関係性なども大胆に予測する。ちなみに「公務員の仕事はほとんどいらない」らしい！

LIFE SHIFT（ライフ・シフト）

リンダ・グラットン／アンドリュー・スコット　著
東洋経済新報社
1980円

「いまこの文章を読んでいる50歳未満の日本人は（中略）100年ライフを過ごすつもりでいたほうがいい」。定年延長が議論される中、あなた自身の人生設計や超高齢社会の課題解決にヒントを与えてくれる必読書。

ゆるい職場

古屋星斗　著
中央公論新社　990円

働き方改革関連法に伴い誕生した「負荷はないが成長もない、ゆるい職場」。キャリア形成に大切なのは「若者が会社を使って育つ」視座だと説く。公務の内外でどのように活躍したいか、今からキャリア観を醸成しよう。

Chapter5

自分の弱みを知り、不安を自信に変える

低スペック、コミュ障、メンタルが不安……。
「面接弱者」で自信のないあなたに、
現実を見据えて行動する勇気を授けます。

「スペック」で悩むのは時間のムダ

多くの人が「低スペック」に悩んでいる

学生に対して面接指導をしているとさまざまな質問を受けますが、自分の「学歴」や「能力」など、いわゆる「スペック」について心配している人が多く見受けられます。

結論から言えば、「スペック」の高低は公務員試験においては大きな問題にはなりません。**「自分のスペックについてクヨクヨ悩んでいる暇があったら、その時間を面接や筆記試験対策に投入しなさい！」**と声を大にしてお伝えします。具体的にいくつかのテーマに沿って考えてみましょう。

「低学歴」は問題なのか？

私は短大に勤務していますので、学生からよく「短大卒は4年制大学卒より不利になりますか？」と質問されます。また、第一志望の大学に不合格となり入学してきた学生の中には「この短大から、公務員試験に合格できますか？」と心配する人もいます。皆さんの中にも「自分は有名大学ではないから不利ですよね……」と後ろ向きな気持ちになっている人は多いのではないでしょうか。

大丈夫です、問題ありません。**民間就活でいう「学歴フィルター」❶は、公務員試験においては基本的に存在せず、筆記試験と人物試験の「実力勝負」です。**そもそも受験資格は年齢制限のみで、「大学卒（見込み）」の学歴は不要、という試験が大半です。

もちろん「絶対に国家総合職で人気官庁に入りたい！」という場合、いわゆるキャリア官僚の大半は有名大学卒ですから、心理的に気後れしてしまうかもしれません。しかし、国家総合職試験における合格者の出身大学は多様化する傾向にありますし、偏差値が低いとされる大学出身者が筆記試験や面接で有名大学出身者よりも高得点を得ることができれば、かなりのインパクトを与えることが可能です。

採用試験に携わった私の経験からも、大学名のみで評価が変わることは通常ありえません。また、自治体や省庁によっては、高卒の管理職に有名大学卒の部下が仕える、ということも決して珍しい光景ではないのです。

❶会社説明会やエントリーシートなどの就職活動におけるプロセスにおいて、大学名を基準にして「門前払い」されてしまうことをさします。たとえば、有名大学に在籍する友人と同時に会社説明会に申し込んだ際に、自分の入力画面では「満席」となっているにもかかわらず、友人の入力画面では「予約可能」であったなどのケースがあるといいます。

「地頭」に自信がない……

「面接で論理的にしゃべれません！」「何かアイデアを、と言われると言葉に詰まってしまいます」など、いわゆる「地頭」の悪さ、つまり頭の回転の遅さを心配する声もよく聞きます。これも大丈夫、落ち込まないでください。

「地頭」の良さには明確な定義があるわけではありません。一般的な「地頭の良い人」のイメージを対人関係の側面から考えると、相手と当意即妙な駆け引きができる「交渉力」や、口頭や文書で的確に情報をやりとりする「コミュニケーション能力」、組織のめざすべき方向性を決定する「戦略的スキル」などに長《た》けた人となるでしょう。公務員でも民間企業でも重宝される能力ですね。

実は、多くの研究からこれらの能力は訓練によって習得できることがわかっています。「IQ（知能指数）」はある程度遺伝の影響を受けるそうですが、**社会人として活躍するために必要な諸能力の大部分は、後天的に育成することが可能なのです**❷。

そのためには、**たとえば新聞やテレビなどで目にしたニュースについて、事実だけでなくその背景や論拠も交えて多面的に考えることを習慣づけましょう**。「自分と立場や考え

❷社会人として活躍するために必要な諸能力（ジェネリックスキル）には、経済産業省が提唱する「社会人基礎力」、文部科学省がキャリア教育で育成すべき力とした「基礎的・汎用的能力」などがあります。ジェネリックスキルの測定と育成は、私の現在の研究テーマの大きな柱です。

方が違う人たち（異質な人たち）ならばどう考えるだろうか」という発想がポイントになります。さらに言うと、**実際に「異質な人」と交わる機会を設けることがベストです。**なぜなら、異質な人とつきあうことで前述した能力がより鍛えられますし、職場では年齢・性別などが異なる上司や同僚とチームで成果を挙げることが求められるからです。ボランティアや市民サークル、アルバイトなどなんでもけっこうですので、多様な背景を持った人が多く集う活動に参加することは、「地頭」を鍛えるのにも役立つでしょう。

「ガクチカ」がありません！

大学に入ったけれど授業はなんだかつまらない、サークルも入ってないしアルバイトは近所の人に頼まれた家庭教師だけ。気がついたら3年生になっていました……。よく聞く話です。社会が大きく変わり「新しい日常」の現在、あなたの大学生活はいかがですか？

そもそも面接官は何のために「ガクチカ」を聞くのか、ここまで学んできたことを思い出してみましょう。そうです、**「ガクチカへの取り組み方」を通して「仕事への取り組み方」を見ようとしているのです。**ですから、「何をしたのか」は重要ではありません。それよりも「なぜ力を入れたのか（意図）」や「どのようなことを学んだのか（経験）」、「どのように仕事に活かすのか（応用力）」が問われているのだと認識してください。

ですから、何も突飛なことや目立つことをする必要はありません。たとえば町内会の清掃活動の手伝いや塾講師のアルバイトなどで、年齢や立場が異なる人たちとのコミュニケーションによって信頼関係を築いた経験は、格好のネタとなります。自分では当たり前だと思う経験からも、実は多くのことを学べるのです。

それでも不安が残る場合は、今からでもネタを創る努力をしましょう。大学のオープンキャンパススタッフ、引っ越し繁忙期のアルバイトなど、短期間でもできる濃密な経験はたくさんあります。**日常生活からネタを探す、ネタがなければ創る。そしてそのネタを通して起こった変化について語る。そのプロセスが、あなたを成長させてくれます。**

資格や免許は「箔付け」にはならない

「何か資格があったほうが面接で有利になりますか？」。公務員試験に限らず、就職活動を間近に控えた学生からも非常に多く寄せられる質問です。

一般行政職は、特定の知識や経験を前提とせずに採用されます。そのため、**資格の有無で合否が大きく左右されることは、まずありません。**「仕事に必要な知識や技能は、仕事をしながら覚えてね」という人材育成が基本ですから、必要な知識などは、ＯＪＴ（On-the-Job Training：職場での実務を通じて行う従業員の教育訓練）や各種の研修で習得することになります。

面接官が「会話のつかみ」で資格や免許について言及することもあるでしょう。しかし、面接官がたまたま興味を持ったとしても、数週間程度で簡単に取得できるようなものについては、高評価につながることはほとんどありません。また、資格取得のための努力が目を引くことはあっても、それが合格の決定打にはならないのです。

ここでは、**「面接でちょっと有利になるかも……」程度の考えであるならば、安易に資格取得に走っても意味はありませんよ**、ということを強調しておきます。

なお、英語をはじめとする外国語の能力を証明する資格については、公式な加点要素とすることを公表している試験が増えているので、積極的にアピールすべきです。また、技術職や専門職を受験する場合は、職種に応じた資格・免許が必要な場合もあります。

教員免許を取得見込みの人は、「なぜ教員にならないのか」と面接で聞かれることもよくあります。「当初は教員の仕事にも魅力を感じて教職課程を履修したが、最終的に公務員を志望することに決めた」などと、論理的な説明ができれば問題ありません。

ゼミなし・卒論なしの人はどうする？

大学のカリキュラムもそれぞれですので、皆さんの中にもゼミに入っていない人や、卒論を書く予定のない人がいるでしょう。一方で、「大学での勉強」はガクチカや自己ＰＲのネタの一つですから、みすみす逃すのは得策ではありません。

当然の話ですが、大学の勉強はゼミや卒論だけではありません。フィールドワークやグループ発表、ディスカッションが主体の授業を履修したことのある人もいるでしょう。近年は、ＰＢＬ（Project-Based Learning：課題解決型学習）型の授業で、企業や社会における課題解決を行うプログラムも盛んです。受講学生が主役となる、アクティブ・ラーニング型の授業も、今や珍しいものではありません。

もちろん、そこまで意識の高い内容でなくても、たとえばレポートの作成に悪戦苦闘した授業や、先生の教え方が上手で興味を引かれた講義などがあったはずです。

要は、ゼミや卒論でなくても、あなたがおもしろいと感じて力を入れ、学びを深めた授業があれば、それらと向き合った経験が面接のネタになるということです。「勉強との向き合い方」については、あなた特有のエピソードが満載なわけですから、強く印象に残っている授業などがないか、もう一度振り返ってみましょう。

勉強でも「他者との協働」がウリになる

勉強のエピソードについても、ガクチカと同様に**「他者と協力して困難を乗り越えた経験」**を交えることができれば説得力が増します。仕事は他人と一緒に進めるものですから、「職場で協働するあなたの姿」を繰り返し面接官にイメージさせることが重要なのです。

ゼミや卒論においてチームで研究を進める場合、それ自体がコミュニケーション能力の証明になりえます。**個人としての勉強の経験は、ややもすれば「個人の努力」に終始してしまいがちです。**「オンライン授業では、積極的にチャット機能を使って質問や議論をした」「同じ授業を履修した友人たちと、レポート作成のために協力して資料を収集した」「授業内のディスカッションの時間で、意見の違いを乗り越えて結論をまとめた」といったレベルで十分ですので、「他者と関係した・協働した」ネタがないか探してみましょう。

ゼミに入っていないことや卒論を書かないこと自体が問題にはなりません。**「意欲や根気が不足しているようだ」「他人とのコミュニケーションが苦手なのかな」などと面接官に思わせることがないよう、ネタと切り口を考えてみることが大切です。**

「コミュ力が低い」と自覚している人ができること

公務員志望者には「コミュ障」が多い？

面接官が求めているのは「部下として活躍できる人」と「職場にフィットしてやっていけそうな人」。それを聞いて、「自分はコミュ力（コミュニケーション能力）が低いので、どちらにも当てはまらなそうだ……」と落ち込んでいるのではないですか？　どちらかと言えば、コミュ力に自信がない人が民間企業の就活よりも公務員試験に流れる傾向が強いですが、最近は公務員の面接でも「コミュ力が大事」と言われて、つらいですよね。

一般に使われる「コミュ力」とは、「他者とのコミュニケーション（会話や意思疎通など）を円滑に行うことができる能力」をさします。コミュ力が低いと「コミュ障（コミュニケーション障害）」と呼ばれたりします。

ただし、現在広く使われている「コミュ障」という言葉は、必ずしも科学的・医学的な障害をさすわけではありません。「日常生活でのちょっとしたコミュニケーションが苦手な人」程度の意味合いで使用されているケースがほとんどです。

面接官への伝え方が9割

公務員試験を含めた日本の就活は、就労経験がないことを前提に採用を決定する「新卒一括採用」が主流です。そもそも、面接官と受験者が一緒に働くプロセスを経ないわけですから、受験者の「仕事の能力」や「優秀さ」を確認するすべはなく、「採用後に職場で活躍できそうか」という「可能性」や「ポテンシャル」が面接の合否を左右します。そのため、面接では**「職場でうまくやっていく力≠コミュ力」**をアピールする必要があるのです。

一方、コミュ障と呼ばれる人は、基礎的な能力が低いわけではありません。むしろ、**独創的な発想や思慮深い姿勢、卓越した知識を持ち合わせていたり、他人の話を丁寧に聴く力が優れていたりする人もいます。**能力の高低というよりも、その能力などの「見せ方」に問題があると解釈すべきでしょう。**「面接官への伝え方」**と言い換えてもよいですね。

また、意識的に他人とコミュニケーションを図ることで、誰でもコミュ力は向上するのです。ざっくりと言ってしまえば**「慣れ」**に近いイメージです。コミュ障気味を自覚している人は、「伝え方を意識する」ことと「コミュ力は育成できる」ことの2点を、まずは覚えておいてください❸。

わたし、友達がいません……

「私には友達がいないんです……」と肩を落とす人も見かけます。いわゆる「ぼっち」を自認する人にとっても、面接のハードルはとても高く感じられるでしょう。

短大の教員として学生たちを観察していますと、「ぼっち」という言葉には、完全な「一人ぼっち」だけではなく「限られた人数の友人がいる状態」「知人以上友人未満の人間がチラホラいる程度」という意味も含まれているようです。この点については「友達は多ければいいわけじゃないよ、関係性の深さが大切じゃない？」とよくアドバイスしています。

総じて「口下手で他人と関係性を築くのが苦手」「みんなでワイワイ楽しめない」「急に話しかけられても何を言っていいかわからない」という共通性があり、「コミュ障」と重なる特性を持っています。「ぼっちだから社交性がない」と多くの学生は思い込んでいます。ちなみに、ここでいう「社交性」とは「初対面の相手とすぐ仲良くなれる」「見ず知らずの相手とも自然におしゃべりができる」といったレベル感のようです。

❸会話や文章で面接官に伝える力を向上させるために、「面接に効くオススメ本③——考え方・話し方・伝え方」(p.214) も参考にしてください。

ぼっちの特徴「あがり症」は克服できる

公務員の仕事で大切なのは「目の前の業務に誠実に取り組み、成果を挙げること」です。もちろん、仕事で成果を挙げるには周囲の上司や同僚と良好なコミュニケーションを図る必要があります。しかし、必ずしもペラペラと立て板に水を流すようにしゃべる必要はありません。**「寡黙だけど仕事ができる人」も、公務員の職場には必要な人材なのですから、その人なりにコミュニケーションを図る意思があればよいことがほとんどです。**

また、コミュニケーションに関して緊張感が強いのも、ぼっちの特徴といえます。いわゆる「あがり症」ですね。しかし、**初対面のベテラン面接官と相対して緊張しない人のほうが珍しいわけですから、緊張すること自体を怖がる必要はありません。**むしろ「非常に緊張しておりまして……」と前置きして話し出すことで、受験者の飾らない姿勢や人柄が垣間見えますし、そうした初々しい姿に好感を抱く面接官は、けっこう多いのです。また、あくまで個人的意見になりますが、職場に配属後に予期せぬ仕事のミスをやらかしてしまうのは、根拠のない自信に満ちあふれているタイプの人が多いというのが実感です。

適度な緊張感はそのままでよいので、飾らない姿を面接官にアピールしましょう。

メンタルに不安があるあなたへ伝えたいこと

現代はメンタル受難の時代

近年は官民を問わず、また職種や性別を問わず職場で心のバランスを崩してしまうケースが散見されます。その要因はいろいろありますが、まさに「メンタル受難の時代」というのがわが国の職場における現状です。厚生労働省が民間企業を対象に実施した調査でも、「現在の仕事や職業生活に関することで、強い不安、悩み、ストレスとなっていると感じる事柄がある」と答えた労働者は82・2％に達しています。要因としては「仕事の量」「仕事の失敗、責任の発生等」「仕事の質」「対人関係」が、上位にランクインしています❹。

このような状況は公務員も同様です。近年は公務員の数が削減され続ける一方、業務量は増大し、その内容も高度化・複雑化しています。**うつ病などの「心の病」は、公務員の職場であっても、誰もがかかる可能性があるのです。**

❹「令和４年労働安全衛生調査（実態調査）個人調査」（厚生労働省、2023年8月4日）

メンタルヘルス対策は人事担当者の大事な業務

職員における心身の健康管理は、人事担当者の大切な業務の一つです。職員本人や家族、直属の上司や健康管理医（産業医）などの関係者間の調整や、休職開始・復職可否の見極め、残された職員へのケアや代替職員の配置など、どこの自治体・省庁の人事担当者も、メンタルヘルス不調に関連する業務に忙殺されています。

心の病の発症・回復のプロセスはさまざまです。第三者はもちろんのこと、職員本人でさえも病状について客観的に把握するのが難しいことが、関係者間の悩みを深める一因になっています。

もちろん、「ストレスのない職場」や「折れない心を持つ職員」など、一朝一夕には実現できません。そのため、「手っ取り早くストレス耐性のある新人を採用したいなぁ」と面接官が考えてしまうのも、やむをえないのです。したがって、**「自分のストレスやメンタルヘルスについて、上手にコントロールできる人材」**は、どこの人事担当者も、のどから手が出るほど欲しいといえます。「鋼《はがね》のメンタル」でなくてよいのです。**強風を受け流すことのできる、しなやかな「竹のメンタル」をめざしましょう。**

心の不調は誰しも直面しうる問題

メンタルヘルス不調は身近な問題です。うつ病や躁うつ病などの「気分［感情］障害」で治療中の患者数は、1996年の43・3万人から2017年には127・6万人へと約3倍に増加しており、もはや珍しいものではありません❺。また、秋田大学の学生を対象に行われた調査では、新型コロナ禍に伴う自粛生活などの影響で、回答者の1割以上に中等度以上のうつ症状が見られました❻。本調査では**「心身面の健康を保つには、体を動かすこと、相談できる人やコミュニティの存在が有用である」**と結論づけられています。

このように、うつ病などは誰しもかかりうるれっきとした病気ですので、メンタルヘルス不調歴を恥じる必要はまったくありません。**面接官や大学教員としての経験から言っても、「メンタルヘルス不調歴があるという理由のみで不合格になった」などという話を見聞きしたことはありません。**

面接でどのように説明するか

ただし、職員のメンタルヘルス不調が、職場におけるセンシティブな話題であることは

❺『平成30年版　厚生労働白書』p.80
❻「全国緊急事態宣言による自粛が及ぼす大学生のこころとからだへの影響」(秋田大学、2020年8月28日発表)

認識しておきましょう。公務員として働き出せば、日々有形無形のストレスにさらされることになります。過去にメンタルヘルス不調歴がある人や現在治療中の人は、自身の体調と日常の業務のバランスを取れることが大前提です。**体調面で少しでも不安が残る人は、主治医やカウンセラーなど、信頼できる専門家に相談してください。**

また、メンタルヘルス不調歴については、説明のしかたにも注意が必要です。**大前提として、面接官から聞かれない限り、受験者が進んで病歴について話す必要はありません。**

問題となるのは、前職の退職理由や大学休学の理由などを述べる際に、どうしてもその話題に触れざるをえないときです。面接官はメンタルヘルスの専門家ではありません。「この人はきちんと働けるのだろうか」と不安に思うのが正直なところですので、「前職があまりに過酷な労働環境のため、心身に不調を来して退職した。現在は完全寛解しており、働くに当たって問題はない」「大学2年次から心療内科に通院し服薬を続けているが、症状は安定しており仕事に影響はない」など、不安を払しょくできるように具体的な説明をすることを心掛けてください。**大事なのは、「業務に支障はない」旨を明確に伝えることです。**

私の経験上、面接の場でうそをついたりごまかしたりすると、応答に不自然さが出てしまいます。面接官にマイナスの印象を与えてしまわないように注意しましょう。

心が折れそうなときは、ストレスコーピングを意識する

メンタルヘルス不調の要因はさまざまですが、職場環境のストレスが引き金になるケースが多いというのが、元人事担当者としての実感です。心身の健康保持のためにも、今の段階からストレスとのつきあい方について意識しておくべきでしょう。

ストレスへの対処法（コーピング）は、**「問題焦点型ストレスコーピング」**と**「情動焦点型ストレスコーピング」**の2種類があります。たとえば「ゼミのグループ発表の準備が大変で終わらない」状況がストレス源の場合、「遅くまで大学に残って担当分を片づける」「同じグループの仲間に手助けをお願いしてみる」など**「ストレス源そのものにアプローチして解決を図る」**のが前者です。メリットとしては、問題となっている現状に直接的にアプローチするので、建設的な解決につながる可能性が高まります。デメリットとしては、その分自分を追い込む形となり、さらに余計なストレスを抱えてしまいがちです。

一方、後者は「気晴らしに散歩する」「焼肉の食べ放題に行って気を紛らわす」といった**「自身のメンタル面をコントロールする」**方法です。いったん問題と距離を置くアプローチですからストレスフリーな状態となりますが、距離を置いてばかりでは、問題その

ものがいつまでたっても解決しないことにもなりかねません。
ストレスコーピングは両者のバランスを取るのが大事ということに注意しましょう。

他者を巻き込んでストレスに打ち勝つ

面接では、「これまでの挫折や失敗の経験」などが問われます。もちろん、一人で頑張って問題を克服してきた人もいるでしょうし、仲間に助けてもらった経験もあるでしょう。**面接官としてはその回答から「職場へのフィット感」を推測しますから、「ピンチのときに他者を頼れる人」だと安心感を抱きます。**ストレスコーピングのやり方に優劣があるわけではありませんが、**「他者を巻き込みながら問題を解決したエピソード」**について、今から棚卸しをしておきましょう。直接的に助けてもらった経験でなくても「友人にLINEで『頑張って』と励まされて少し元気が出た」「先輩と一緒にスイーツビュッフェに行って気分を上げた」「母親に悩みを聞いてもらった」といったレベル感でかまいません。

職場でも繁忙期で首が回らなくなるときがあります。そのつらさを誰にも相談できずにつぶれてしまっては、本人にとっても職場にとっても大変不幸なことです。無理をしすぎず周囲の力を借りてストレスを回避するスキルは、今から身につけておくと安心です。

民間企業からの転職者は有利？既卒者は不利？

民間企業からの転職者は大歓迎！

転職に対する抵抗感が薄まっている昨今、さまざまな職務経験を有する転職者が社会人枠だけでなく一般枠の公務員試験にも流れています。民間企業の採用意欲が高く、新卒者を官民で奪い合っている中で、人手不足の自治体や省庁にとって、民間企業からの転職者は「渡りに船」といえるでしょう。

特に家庭を持っている人や、地元へのUターンを考えている人にとって、公務員は「安心・安定」「ホワイトな職場」という点で、ある種のブランド力があります。**新卒者と違い、現職と比較して新天地を探すというプロセスを経ていますので、面接官も安心して内定が出せるのです。**私も採用担当者時代には新卒者の内定辞退に何度も泣かされましたが、民間企業からの転職者はそうしたリスクが少なかったな……というのが実感です。

面接で伝えるべき転職理由と志望動機

民間企業からの転職では、やはり「転職理由」がポイントになります。「前職・現職がブラックな環境だから」という場合も多いのですが、**職場批判にはブレーキをかけつつ、地元や住民への貢献、仕事のスケールなどに焦点を当てた論理構成をめざしましょう。**

また、社会人枠の試験で採用される人は、「即戦力」と期待されることが一般的です。筆記試験が免除・負荷軽減されているのは「社会人としての見識やスキルをすでに有している」「職務経験を公務に活用できる」からにほかなりません（もちろん、多忙かつ多様な人材に振り向いてほしいから、という採用試験戦略もあるでしょう）。ですから、**面接では「前職・現職の職務経験を、この自治体・省庁での〇〇の業務に□□という方法で活用することができます！」などと具体的に語れることが重要視されます。**

新卒者の評価のポイントが、ポテンシャルや熱意などの「将来性」であるのに比べ、民間企業からの転職者の場合は「具体的に何ができるか」という「保有するスキルや実務経験」が問われるということです。謙虚な姿勢はもちろん大事ですが「何もわからないので一から教えてください！」と言うだけでは、求める人材像とのミスマッチ感が生じます。

苦戦しがちな既卒者が考えるべきこと

一方、「職歴を有しない既卒者も有利」とまでは言えないのが現状です。これまでの職務経験を通して「即戦力」をアピールできる民間企業からの転職者と違い、職歴を有しない既卒者は、社会人としてのアドバンテージが限定的だからです。

もちろん、「公務員試験対策に集中できる」という点では有利な面もあります。たとえば、民間企業に勤務しながら対策を行うのと比べて、時間のやりくりは容易です。しかし、皮肉にも試験対策に集中した期間が長ければ長いほど、自己PRの内容が「試験勉強」に終始してしまうことにもなりかねません。つまり、面接でのネタが少なくなるのです。面接官の立場としても、「自己PRは、公務員試験の勉強で得た忍耐力です！」だけでは、なかなか会話を広げにくいでしょう。気晴らしという意味でも、**アルバイトや趣味、ボランティアなどで社会との接点を維持できれば、結果的に面接のネタにも困りません。**

既卒者ならではの「熱意」と「挫折経験」をぶつけてみよう！

特に悩ましいのが、「新卒時に就職しなかった」ことに対する説明です。昨今の民間企業における就活は一部の業界を除けば「売り手市場」ですから、選ばなければ職には困りません。当然、面接官もそうした情勢は承知していますので、既卒者に対しては「就活に失敗した要因が何かあるのかな」「もしかして要領が悪いタイプなのかも」などと勘ぐられてしまうことも想定されます。新卒一括採用では、就職浪人は不利になるケースが多いことから、「リスクヘッジができない人物」などと判断されてしまうおそれもあるのです。

この際、こうした面接官の心理をうまく利用しましょう。そのためには、**「どうしても公務員の夢をあきらめ切れなかった熱意」をきちんと伝えることと、「あえて定職に就かず再挑戦する道を選択した理由」を明確に語ることが、極めて重要な意味を持ちます。**面接官のネガティブな先入観を覆すことができれば、与えるインパクトは計り知れません。**「○○という理由から、必ず□□県の職員になりたいと考えている」など、あなたのキャリアプランを交えながら、面接官を納得させる回答を準備しておくことが必要です。**

なお、「過去の公務員受験の失敗」はあなたにとって「失敗・挫折経験」といえます。その経験からどのようなことを学び、現在の生活に活かしているのか。この点は、あなた独自の解釈を交えることで、面接の話題の一つになりえます。「転んだときにどのように起き上がるのか」という視点で考えれば絶好のネタですので、ぜひ有効活用しましょう。

公務員として活躍したい女性が考えるべきこと

公務員試験で女性は本当に有利？

官民で人材を奪い合う状況の中で、公務員試験といえども「受験者を選んでやる」という「上から目線」な態度ではいられないのが現状です。ほとんどの公務員試験の申込者数は減少傾向にありますし、自治体によっては内定辞退が続出するケースも見かけます。「いまどき女性を差別するなんて、もってのほか！」というのが、面接官の本音なのです。

2022年に改正法が施行された「女性活躍推進法」では、企業等に対して「女性採用比率」「勤続年数の男女差」「労働時間の公表」「女性管理職比率」などが情報公表項目として定められ、数値目標を含む行動計画の作成と公表が義務づけられています。これに先立ち、すでに女性国家公務員については、在職率や管理職への登用について数値目標が設定されています❼。法令遵守やポジティブ・アクション（人種や性別などによる不平等を解

❼「第3次男女共同参画基本計画」（内閣府男女共同参画局、2010年12月17日）

消する積極的差別是正措置）の観点からも、女性を不利に扱う合理性は見当たりません。

また、私の採用担当者としての経験からも、**総じて女性のほうが男性よりも感情表現が巧みで、「面接受けが良い」**と感じます。ふたを開けてみたところ、ある年度の内定者のうち男性がたったの1名のみ、ということすらありました。現職の短大教員として学生に模擬面接を行うことがありますが、「面接試験本番でも、女性のほうが男性より高評価だろうな……」と実感することも多いのです。

やはり、公務員は女性が働きやすい職場

公務員は法令やそれに基づく諸制度を遵守すべき立場です。そうした意味で、**多くの人のイメージどおり、女性が長く働きやすい環境が整備されている職場といえるでしょう。**

たとえば、令和3年度の一般職国家公務員（常勤職員）の育児休業取得率は、女性が105・2％、男性が62・8％で、いずれも民間企業における取得率を大幅に上回っています❽。子育て支援制度や介護休暇制度も充実していますし、人事担当者としての経験からも、結婚や出産を理由として女性職員が退職すること自体がかなりのレアケースです。制度が整っているうえに、実際に使える環境があるというのが公務員の職場の大きな特徴です。

❽「仕事と家庭の両立支援関係制度の利用状況調査（令和３年度）の結果について」（人事院、2023年2月21日最終更新）
なお、民間企業における育休の取得率は、「令和４年度雇用均等基本調査」（厚生労働省、2023年7月31日）を参照。

実は厳しい「男女平等」

とは言え、これらの制度は「男女問わずポテンシャルを発揮して業務に励んでもらいたい」という趣旨で運用されています。言うまでもないことですが、**「休暇制度や福利厚生」は、「職員が100％仕事に注力するための仕掛け」にすぎません。**

「男女関係なく差別されずに活躍できる」環境は、裏を返せば「女性（男性）だから○○ができない・したくない」という言い訳はできないという理解ができます。

たとえば、霞が関の中央省庁での国会対応業務などの「公務員のブラック労働」では、男女問わず目の前の業務に忙殺されています。ある女性のキャリア官僚は、「省内の売店でワイシャツやネクタイも売っているので、男性は椅子を並べて仮眠した後、新しい下着に着替えて新しい1日を迎えることができます。でも、女性は役所で1泊するわけにもいかず、着替えなどで一旦自宅に戻りとんぼ返りせざるをえませんが、家での滞在時間45分、そのうち睡眠が15分というのも珍しくありません」と職場の実情を話しています❾。

もちろん、仕事の忙しさや職場の雰囲気は、国と地方、キャリア官僚とノンキャリア職員などによって大きく異なります。一方で、**「男女平等にも厳しい側面がある」**というこ

❾「岸宣仁　キャリア受験者ピーク時の1/3に。国家公務員『ブラック職場』の実態とは？『残業こそ美学』の精神性は労働基準局職員でさえ打ち破れない」（婦人公論.jp、2023年5月18日）

とは、社会の一コマとして頭の片隅に入れておく必要があるでしょう。

将来の職場探しは自分で見て・聞いて決定する

ここで少々自分語りをさせてください。私は2児の父親ですが、前職である国立大学法人勤務時に、夫婦で子どもの保育園の送迎のために時短勤務をしていた時期がありました。もちろん大多数の上司や先輩・同僚からはご理解をいただき、ありがたい限りだったのですが、「人事評価結果に対する上司との認識の違い」や「『いつ仕事に100%注力してくれるのだ』的なプレッシャー」について、まったく感じなかったわけではありません。

また、公務員の職場でも、育児や介護などの事情で頻繁に休暇を取得せざるをえない職員については、人事異動を行いづらい実情も見聞きします。もちろん、本人が異動を望まない場合もありますが、「引き受け先」が見つからないという生々しい事情もあるのです。

職場は、価値観や事情が異なる「異質な人」どうしが働く場所です。**ところ変われば、びっくりするくらいルールや雰囲気が異なります。**インターンシップや業務説明会、官庁訪問などの機会に、目と耳を使って、あなたにフィットする職場探しを行ってください。「公務員は楽にワークライフバランスが実現できる」と安易に考えるのはやめましょう。

Tips3

残念！「不合格」だったらどうするか

公務員をめざして頑張っている皆さんは想像したくない未来ですが、「もし試験に不合格だったらどうする？」問題は、人生のリスクヘッジの意味で避けては通れません。場合によっては、「第二志望以下の自治体・省庁や民間企業には内定したんだけど……」ということもありえるでしょう。

再挑戦する場合の選択肢は大きく2つです。第一には「公務員浪人」をして1年間試験対策に専念すること。第二には「仮面浪人」で、民間企業などで働きながら次年度の試験をめざすことです。

これは、あなた自身の人生設計に直結しますので、軽々しく「これが正解」と断言できるものではありません。ここでは、簡単にそれぞれのメリット・デメリットを考えてみましょう。

「公務員浪人」をする場合、最大のメリットは「試験対策に専念できる」ことです。もちろん、自分を律して受験勉強をする意志の強さが必要になります。デメリットとしては、社会との接点が限定されるため、精神的に追い込まれる可能性があるほか、面接のネタについても限定的になるおそれがあります。それを避けるには、アルバイトやボランティアなど、他人と接して新しい経験を積む機会を積極的に設けることが大事です。

「仮面浪人」のメリットは、「定収入」という生活の糧を確保できることです。「食べるのに困らない」というのは、想像以上に精神的な安定をもたらします（逆もまたしかりですが）。一方デメリットは、働きながらの勉強時間の確保や体調管理などの苦労でしょう。職場で仕事を覚えながら受験勉強や面接対策を続けるのはかなり大変ですし、仕事と勉強の二重のストレスを抱えかねません。

学生から相談されたら、私は「仮面浪人」のほうを勧めています。なぜなら、仕事選びは「運」の要素が強く、第一志望の職場だからといって幸福になれるとは限らないからです。「命じられた仕事をするうちにおもしろさややりがいを感じる」ことも社会の一コマと考えれば、水が合えば現職を続ける選択ができるメリットは大きいものです。

現在は社会人枠の試験など、再チャレンジの機会も増えています。あなたは、どう考えますか？

Chapter6

人物重視面接の最新トレンドを知る

多様化する公務員試験は高度な情報戦。
合格者決定の方法、官庁訪問の流れ、
新しい面接方式のポイントを押さえよう！

リセット方式で逆転！
1
2
3
筆記では
勝って
いたのに・・・

「人物重視」傾向に負けない現実的対策

あらゆる試験が「人物重視」になっている

現在、あらゆる公務員試験において「人物重視」の傾向が強まっています。その背景には、公務員の定員が削減されるも業務量はむしろ増加している「公務員の少数精鋭化」や「前例なき行政課題への対応」などがあります。民間企業の採用意欲も高いことから「優秀な人物を民間企業に奪われてしまう」という危機感の表れとも理解できますね。

ここ数年の間に、専門試験を廃止して受験者の負担を軽減したり、民間企業の就活で広く使用されているSPI3を従来の筆記試験に代えて採用し、民間企業を志望する層を呼び込んだりするなどの試験制度改革が、多くの自治体で行われるようになってきました。

さらには、面接回数の増加や面接形式の多様化も、近年の大きなトレンドといえます。

前者は、**それまで1~2回の面接で合否判定していたものを、3回・4回と増やすこと**

です。複数の目（異なる職階や年齢層など）での評価を加えることで「採用後のミスマッチを防止したい」という意図が感じられます。

後者では、**「アピール面接」や「プレゼンテーション面接」と呼ばれる、新しい形式の面接を行う自治体が増えています。**面接官が質問し、受験者がそれに対して回答するという「従来型（質疑応答型）の面接」は、受験者が事前に練習を重ねることである程度の対策が可能です。「受験者の人柄や物の見方・考え方について、ある程度取りつくろうことができる」という従来型面接の弱点を、こうした面接で補おうというわけです。加えて、公務員にも発信力が求められる時代ですから、その基本を見極めたいということになります。

そのほか、「集団討論」や「グループワーク」といった試験形式も、より多角的な観点から人物像を見極めるために実施されているということができるでしょう。

面接試験の配点比率を上げる動きも

公務員試験では、合否を決定するための配点比率が設定されています。たとえば、令和5年度の国家一般職試験（大卒程度、行政区分）の場合は、一次試験（基礎能力試験・専門試験と一般論文試験）の配点比率が合わせて9分の7、二次試験（人物試験）の配点比率が9分の2となっています❶。各試験種目が基準点に満たない場合は不合格になるとはいえ、意外と面接の配点比率が低いことがうかがえます（ただし、官庁訪問や機関別の採用面接の場で改めて「人物」が評価されることを忘れてはいけません）。

一方、地方公務員では自治体によって配点比率は異なりますが、**地方上級行政系区分における人物試験の配点比率を単純平均すると、約60％もの高率にのぼります**❷。

「総合得点方式」と「リセット方式」

配点比率に加え、最終合格の決定に直結するのが筆記・人物試験の得点における最終的な取り扱いです。従来は、**筆記試験と人物試験の結果を踏まえて総合的に最終合格者を決定する「総合得点方式（各試験種目の得点を積み上げた合計点で判定する方式）」が主流でした**。多少面接で失敗しても、筆記試験のアドバンテージが有効だったともいえます。

ところが、**近年は筆記試験の点数が最終合格者の決定に反映されない「リセット方式」をとる自治体が増加しています**。端的に言えば、「勉強ができる人より、人柄やコミュニケーション能力が優れている人を採用したい」というものです。実際、私は前職で採用試験と採用後の人材育成を併せて担当していましたが、「筆記試験の成績と採用後の活躍について

❶「2023年度国家公務員採用一般職（大卒程度試験）合格者の決定方法」（人事院）
一次試験合格者は基礎能力試験および専門試験（択一式）の結果に基づいて決定されます。最終合格者の決定方法はp.191を参照してください。
❷試験の実施内容や配点比率は年度により変更されることがあるので、必ず受験案内や志望先のウェブサイトなどで最新の情報を確認してください。

最終合格者の決定方法

（令和５年度試験［大卒程度］の受験案内等の情報による）

●「総合得点方式」の例

・国家一般職（大卒程度試験）

第１次試験合格者のうち、一般論文試験又は専門試験（記述式）において基準点以上であり、かつ、人物試験においてＡ～Ｄの評価である者について、第１次試験を含む全ての試験種目の標準点を合計した得点に基づいて最終合格者を決定します。

・裁判所一般職（裁判所事務官、大卒程度区分）

第２次試験の受験者のうち、論文試験及び専門試験の各素点がいずれも下限の得点以上であり、人物試験の判定がＡからＣである者につき、全ての試験種目の標準点の合計順に最終合格者を決定します。

・埼玉県

最終合格者は第１次試験、第２次試験の結果を総合して決定します。

・大阪府

最終合格者については、第１次試験、第２次試験及び第３次試験の結果を総合的に判定し、決定します。

・特別区

第１次試験、第２次試験及び資格審査の結果を総合的に判定し、最終合格者を決定します。

・名古屋市

最終合格者の決定方法：合格者は、第１次試験以降の全ての得点を合計して決定します。

●「リセット方式」の例

試験によって書き方が
異なるので注意！

・北海道

最終合格者の決定方法：第２次試験（小論文試験及び人物試験）の結果に基づいて決定します。

・千葉県

最終合格者は、第２次試験の成績に基づいて決定し、第１次試験の成績は反映されません。

・神奈川県

最終合格者は、第２次試験の結果のみで決定します。

・京都市

第２次試験、第３次試験の合格は、それぞれその試験の結果に基づき決定し、前段階の試験結果は反映されません（リセット方式）。

※地方上級のいずれかの行政系区分でリセット方式を導入している自治体は、21道府県、11政令指定都市にのぼる（令和４年度試験の情報）。

相関関係が強いか」と問われれば、「そうでもないかもな……」というのが実感です。

配点比率や最終合格者の決定方式については、「自分の強みやキャラクターに合った受験先を探すための材料の一つとする」ことをお勧めします。**筆記試験が得意で面接にやや自信がない人は面接の配点比率が相対的に低い、あるいは「総合得点方式」の国家公務員や自治体を、逆に面接が断然得意だという人は、面接の配点比率が高い「特別枠」、あるいは「リセット方式」の自治体を選ぶなど、戦略的に受験先の選択を行いましょう。**

もちろん、どの試験を受けるにしても、面接対策をしっかり行うことが合格の必須条件であることは言うまでもありません。多くの試験では試験種目ごとに「基準点」が設定されています。筆記でも面接でも、「1つでも基準点に達しない場合は不合格になる」ことがほとんどですので、その点も注意してください。

面接試験の比重は将来的にも高まる

公務員の給与体系や勤務時間などの諸制度は、「民間情勢適応の原則」に従い、民間企業の動向を踏まえて決定されています。採用試験のあり方については必ずしもその限りではありませんが、労働力人口のさらなる減少が予想され、官民で優秀な人材を奪い合うような状況では、「人物重視（面接試験の比重が高まる）」の傾向はますます強まるでしょう。

採用活動における成功・失敗は、その組織の存続に直結する経営課題です。経営学の分野では科学的な採用の知見が蓄積されていますし、民間企業の就活では、日々新しい採用手法が実践されています。それだけ「受験者の人柄を見極める」採用活動が重要なのです。

面接での競争を勝ち抜くために

採用試験で「人物重視」を推進するためには、一次の筆記試験での合格者は増やさざるをえません。採用担当者の立場で考えれば「筆記試験で不合格となった人の中に優秀な人が混ざっている」リスクがあるからです。もちろん「筆記試験全員合格」ということはありませんが、一定の基準を超えた人については可能な限り二次の人物試験に進ませる傾向が強まることは想定の範囲内でしょう。つまり面接での競争率が高まるということです。

そのためにも、「面接官の意図を汲む」ことが重要な意味を持ちます。**「志望自治体・省庁の抱える課題について解決策を提示すること」**や、**「コミュニケーション能力や企画力について、エビデンスやエピソードを交えながら説明すること」**などを通して、奇をてらうことなく自己分析などの基本的な対策を入念に行い、合格可能性をグッと高めましょう。

国家一般職官庁訪問の基本を押さえておこう

官庁訪問って何をすればいいの？

国家公務員になるために避けては通れないのが、官庁訪問です。文字を素直に読めば「志望先の省庁を訪問する」ことになりますが、当然それだけではありません。以下では、国家一般職の官庁訪問を中心に、あなたが注意すべき点、やるべきことをお話しします。

官庁訪問のやり方は、省庁によってかなり異なります。一般的には、省庁の担当者が、複数の受験者に対し業務内容の説明を行ったり、質疑に応じたりといった形式です。

一方、官庁訪問は単なる職場見学でも、志望先決定のためのイベントでもありません。**早期から面接を行う省庁もありますし、たとえ面接の形式をとらなくてもれっきとした選考の場です。「終始誰かに観察・評価をされている」という前提で臨む必要があります。**

事実、省庁の担当者は、業務説明や質疑応答を行いながらも、受験者のキャラクターやポテンシャルを見極めようと必死になっています。最初に庁舎内に入った際の立ち居振る舞いや、書類を受け取ったときの会釈のしかたなどからも、受験者の人柄は想像できるものです。「入口から出口までの一挙一動が評価対象」と言っても過言ではありません。

基本的には、面接試験と同様の対策が必要です。事前に訪問する省庁の業務内容や行政課題を下調べしておき、質問も複数考えておきましょう。**面接と比べ、現役の職員とフランクなやりとりが可能なのも官庁訪問の特徴です。** 適度な緊張感は保ちつつ、良好なコミュニケーションづくりを意識してください。

一般職官庁訪問のスケジュール

続いて、官庁訪問の大まかなスケジュールや手順についてです。まず、官庁訪問のスケジュールは国家総合職と一般職、本府省庁と地方機関、さらには試験が実施される年度によって異なりますので、必ず志望する試験における最新情報を確認しましょう❸。

以下では令和5年度の国家一般職（大卒程度）試験における日程に基づいて解説します。**官庁訪問の予約受付は、一次試験の合格発表日(7月5日)の午前9時に開始されます。** その翌日（7月6日）に人事院地方事務局主催の官庁合同業務説明会が開催されます。**官**

❸官庁訪問の日程等は、人事院ウェブサイト「国家公務員試験採用情報NAVI」などを参照してください。なお、年度ごとの官庁訪問のルールについては「各省庁人事担当課長会議申合せ」によって決定されます。当該申合せについても前述のウェブサイト上で閲覧が可能です。

庁訪問の開始は、一次合格発表日の翌々日（7月7日）午前9時以降です。

予約の開始日に、志望度の高い省庁には速やかに予約を取るようにしましょう。予約の手段についてはメール、ウェブシステム、電話などの指定があります（事前予約を取らない省庁もあります）。志望省庁のウェブサイトを事前によく確認してください。

予約が取れ次第、指定された日時に官庁訪問を行います。**官庁訪問は数が勝負です。同じ合同庁舎の省庁は1日にまとめるなど、効率よく複数の省庁を訪問するために工夫しましょう。**そのためには、事前に第一志望群や第二志望群など志望順位別にリストアップしておくなどの準備が欠かせません。官庁訪問は対応する職員の数も限られており、受験者の都合ばかり聞いてはもらえません。事前の優先順位づけは入念に行ってください。

また、令和2年度試験以降は、**ウェブ面接形式で実施されるケースも増えてきています。**実施要領を確認して、必要な環境準備を済ませておきましょう。

業務説明会の種類と注意するポイント

この時期に行われる業務説明会は2種類あります。**省庁ごとに実施される「各府省等業務説明会（職場訪問形式）」と、人事院地方事務局が主催して複数の省庁が一堂に会する**

「官庁合同業務説明会」です。民間就活で言えば、前者が「個別企業説明会」、後者が「合同企業説明会」となるでしょう。オンライン形式で実施されることもあります。

各府省等業務説明会の具体的な日程は各省庁のウェブサイト上に公開され、事前予約は不要です❹。**内容は省庁ごとにさまざまですが、業務説明や質問会、若手職員との座談会などが行われるケースが多いようです。**省庁によっては、地方開催でも本省庁の業務説明を受けることができるなどのメリットもあります。この後の面接のネタになるばかりでなく、自身のモチベーションを維持する意味でも、参加しない手はありません。志望順位などを考慮しながら参加する省庁を厳選しましょう。

一次合格発表日の翌日に実施される官庁合同業務説明会は、その名のとおり管区内の各省庁が参加する合同の説明会です。「参加・不参加が、採用面接に影響を与えるものではない」とされていますが、1日で複数の省庁の採用担当者と接触できることなどのメリットがあります。**「予期せぬ出会いや発見がある」「受験者が相対的に志望先の省庁を比較できる」ことも、官庁合同業務説明会ならではのメリットです。**複数の省庁の説明を受けることで、これまで必ずしも志望度が高くなかった省庁に興味を持ち、最終的に採用されるということもあるのです。ぜひ参加しましょう。

❹人事院ウェブサイト「国家公務員試験採用情報NAVI」に、各省庁の該当ページへのリンクが掲載されています。

最終合格後に行うべきこと

最終合格発表日（8月15日）の午前9時以降には、各省庁からの内々定が解禁されます。「最終合格＝採用内定」ではありませんから、官庁訪問を行った省庁を中心に、自分から積極的にアポイントを取りましょう。官庁訪問で好感触を得ている場合は、あらかじめこの段階で最終面接を受けるよう省庁側から打診を受けていることもあります。一方で、**官庁訪問を行わなかった省庁から採用面接受験の連絡が来ることもありますので、着電やメール受信を常にチェックして、みすみすチャンスを逃さないようにしましょう。**

人によっては、前後して地方上級など志望順位が高い試験に最終合格することもあるでしょう。今後の選考や内々定を辞退することを心に決めた場合は、打診があった省庁にその旨を連絡するとともに、人事院へ「採用を希望しない」旨の意向届を出します。

内々定の辞退と「無い内定」からの脱出

内々定の通知は、面接終了後に電話がかかってくる場合と、直接告げられる場合があります。さて、民間企業の就活で内定を辞退するときには「電話やメールではなく、直接訪問するのがマナー」という意見が一時話題となりました。しかし、採用担当者の立場から言えば「多忙を極める時期にいちいち受験者と会う時間が惜しい」というのが本音です。直接の面会では相手方の時間を奪ってしまいますし、そもそも受験者が翻意する可能性は極めて低い（省庁側のメリットが少ない）わけですから、**「一般職の内々定辞退では、電話で事情を丁寧に説明し、おわびを伝えるだけでかまわない」というのが、私の見解です。**

公務員として採用後に、内々定を辞退した相手方と仕事上関係することもありえます。くれぐれも「社会人として恥ずかしくない」対応を心掛けてください。当然ですが、「何の連絡もせずバックレる」ような行為は社会人失格ですので、厳に慎みましょう。

例年、複数の試験に合格した場合、多くの受験者が地方自治体に流れる傾向が見られます。**内々定や内定のない受験者に、最終合格発表日から間をあけて省庁から連絡がある場合もありますので、採用を希望する旨の「意向届」は欠かさず提出しましょう**❺。

最終合格発表から時間が経過するほど、受験者側から起こせるアクションは少なくなるのが現実です。内々定・内定辞退が生じた省庁からの連絡を待ちながら、日程的に受験可能な市役所試験などに挑戦する、民間企業の就活を行うなど、動きながら吉報を待つことで、メンタル面での健康を保つことが大事です。

❺人事院ウェブサイト「国家公務員試験採用情報NAVI」内に、総合職試験（院卒者・大卒程度）、一般職試験（大卒程度・高卒者・社会人）の意向届オンラインシステム窓口が設けられています。
意向届は①採用（内定・内々定）が決定した場合、②今後の採用は希望しない場合、③採用希望時期の延期を希望する場合、④引き続き採用を希望する場合、⑤連絡先を変更する場合に提出しますが、④の人は提出がないと採用希望者として取り扱われません。

アピール面接・プレゼンテーション面接はどうする？

アピール面接・プレゼンテーション面接が増えている

近年の人物重視傾向を受け、地方上級や市役所で「特別枠」の試験が新設されています。「新方式」「アピール型」「プレゼン型」など自治体によって名称は異なりますが、多くは試験種目に「自己アピール」や「プレゼンテーション」などの要素が導入されています。

面接官に対して「ぜひともアピールしたい」というネタがある人や、舞台慣れ・プレゼン慣れしている人は、チャレンジする価値のある試験だといえるでしょう。

なお、**プレゼンテーション面接には、志望動機や自己PRなどをまとめて面接官に語るもの（アピール面接に近い）と、事前に課題と関連資料を提示され、自分なりの検討結果について面接官に発表するものがあります**（前者は地方上級・市役所で、後者は東京都Ｉ類Ｂ［新方式］などで実施されています）。「プレゼンテーションなのだから、自分自身について語ればよいのだろう」などと早合点せず、事前に受験案内で確認しましょう。

通常の面接でプレゼンテーションを求められる場合も

「自分は普通の面接を受けるから、プレゼンテーションの練習は不要」と考えるのは早計です。**最近は、面接の冒頭などでプレゼンテーションを行うよう指示されることもあります。**たとえば、近年の特別区の面接では、面接の冒頭に3分程度で志望動機や自己PRに関連したプレゼンテーションが課されているとの情報が受験者から寄せられています。

そもそもプレゼンテーションとは、「相手に情報を提示して理解を得るための手段」と定義されます。基本的には口頭で面接官に語りかけるスタイルですが、気後れすることはありません。本書ではこれまで「面接官の質問の意図を汲みつつ、自分自身をわかりやすく伝える」ことや「客観的なエピソードをもとに自分自身を語る」ことについて考えてきました。**それらの基本的な対策や準備を徹底することで、面接でのプレゼンテーションやアピールにも十分対応可能なのです。**

ただし、プレゼンテーションにも意識すべき基本的なテクニックがあります。以下でそれらを学ぶことで、あなたの「伝える力」をさらに向上させましょう。

「何を話すか」よりも「どのように話すか」を意識する

今までに「退屈だな……」と感じた授業や講演会はありませんでしたか。そのとき、先生や講演者はどのような話し方をしていたでしょう？　おそらく「ずっと教科書や原稿を読みながら話していた」「ボソボソしゃべっていて何を言っているのかわからない」「言葉に抑揚がなく、大事なポイントが伝わらない」などではなかったでしょうか。

そうです。話の中身ももちろん重要ですが、それ以上に話し手の「表情」や「話し方」が悪ければ、肝心の中身（コンテンツ）が相手にまったく伝わらなくなってしまうのです。

プレゼンテーションを行う際は、まず口角を上げることを意識して、相手（面接官）の目をまっすぐ見ましょう。このとき相手の目を直視するのに抵抗がある人は、口と鼻の中間あたりの位置でもかまいません（この位置関係だと相手は目をそらされたとは感じません）。明るい表情でまっすぐ顔を上げている人は、それだけで自信があるように見えます。

話し方については「おなかから声を出す」ことを意識しましょう。マスクやフェイスシールドを着けて受け答えする場合もあります。小さな声では面接官が聞き取れず、暗い印象を与えてしまいます。体の構造上、仰向けになって話すと自然に腹式呼吸ができます。

まずは寝転がって感覚をつかんでください。また、早口な話し方はせっかちな印象を与えてしまいます。**なるべく「ゆっくり話す」こと、「間を取る」ことを意識しましょう**[6]。

一文を短くし、ロジカルに話すことを意識する

コンテンツの伝え方にも注意が必要です。まず、人間は緊張すると話がダラダラ長くなりがちです。**一文を短く伝えましょう。文章で考えれば「……、……、……。」と「、」でつなげて話すのではなく、その部分は思い切って「。」で区切るというイメージです**。これにより、話が洗練されて聞き手にシャープな印象を与えることができます。

また、ロジカル（論理的）に話すことも、公務員として必須のスキルです。たとえば「…だと思います」「…かもしれません」を多用すると「自信がなさそう」「幼い」といった印象を与えてしまいます。**「最初に結論を述べ、次に根拠を提示する」『たとえば』『具体的には』『なぜなら』などを使い分ける」だけでも、聞き手に論理的な印象を与えます。**

なお、面接官がイラッとするのは「笑いを取るだけの受験者」です。もちろん仕事をするうえでユーモアのセンスは必要なときもありますが、「中身のないウケねらい」は面接の場では不要です。「面接官を笑わせたら合格する」というのは、公務員試験の都市伝説です。

[6] p.214で紹介している『「話し方のベストセラー100冊」のポイントを1冊にまとめてみた。』でも、「人前ではゆっくり話すこと」と「間を意識すること」の有用性について言及されています。「何を話すか」もさることながら、「どのように話すか」が面接では重要です。ぜひ同書を手に取って、メリハリをつけた話し方について研究してみてください。

集団討論・グループワークで失敗しないために

集団討論やグループワークが行われる理由

近年、自治体の人物試験や国家公務員の官庁訪問の多くで、集団討論（グループディスカッション）やグループワークが行われています。**これは、人物重視の傾向が強まる中、「チームで仕事をする力」を見極めたいという採用側の意図が関係しています。**

私の経験からも、いかにコンピテンシー面接やプレゼンテーション面接などの科学的な面接方法を駆使したとしても、事前に十分な対策を講じて「役作り」することにより、本来選考を通過すべきでない受験者がすり抜けてしまうということがあります。努力次第で「魅力的な人物」と面接官に印象づけることができるということの証拠でもありますね。

ところが、**集団討論やグループワークは「個人の努力」や「役作り」だけでごまかすことはできません。同じグループの受験者（他者）との関係性が重要になるからです。**特に近年は、職場における人間関係のストレスからつぶれてしまう職員も多いため、「チームで仕事をする力」を証明できるかが、試験の合否に直結するのです。

集団討論とグループワークの基本形式

集団討論（グループディスカッション）とグループワークで行うことは、公務員試験においてはそれほど大きな違いがないのが実情です。

基本的な形式は、数名のグループで1つのテーマについて討議または作業のうえ、グループとしての結論を発表するというものです。時間は45～60分程度が一般的です。

討議のテーマは、事前に通知される場合と当日に提示される場合があります。内容は、さまざまな社会問題に関するものが多く、受験先の自治体・省庁における政策的な課題が出題されることもあります。過去のテーマについては、多くの場合受験先のウェブサイトに公表されているので、事前に出題傾向を把握しておきましょう❼。

集団討論等と個別面接が同日に行われる場合、面接で集団討論等の感想（出来・不出来や討論に対する自身の見解など）を問われる場合があります。気持ちを切り替えると同時に、討議の内容について消化できるような心構えをしておくとよいでしょう。

❼集団討論・グループワークの実施状況や課題例については、受験ジャーナル特別企画『面接完全攻略ブック』（実務教育出版）に概要が掲載されています。そこで全体的な傾向を把握したうえで、個別の最新情報は志望先の自治体等のウェブサイトを参照してください。

議論を成功に導くには役割分担が大事

グループで討論やワークを行い結論を出すためには、適切な役割分担が欠かせません。役割については、試験官から指定される場合と受験者間で決定する場合があります。役割の決め方についても評価の対象となりますので、後者の場合が多いでしょう。

主な役割としては、司会、書記、タイムキーパー、発表者（司会などが兼務する場合もある）が想定されます。「特に役割を指定しない」という場合❽でも、実質的に司会役などを担う人がいることがほとんどです。以下では、地方上級・市役所試験で実施されることが多い集団討論を中心に、役割ごとに最低限押さえるべきポイントを解説しましょう。

役割ごとに押さえるべきポイント

「司会」は、討論全体の構造化を担います。たとえば60分間の討論であれば、「最初の3分間を個人で考える時間、最後の2分間を発表の時間、発表前の5分間を議論のまとめの時間、残りの約50分間を議論の時間」などと時間設定を行います。その後、**順番に意見出しを行ってもらい、状況に応じて意見を類型化します（カテゴリーごとに分類するなど）。**

❽たとえば、令和３年度の宮城県の集団討論では「リーダー役を置くことは禁止されていた」という情報が受験者から寄せられています（『５年度　面接完全攻略ブック』p.128）。

どこを掘り下げていくか、メンバーの意見を聞きながら議論しましょう。その際、「○○さんのご意見はいかがですか？」など、消極的なメンバーをフォローすることも忘れずに。

「書記」は、読んで字のごとく、議論の経過を文字に記録します。ホワイトボードが用意されていることも多いので、司会と協力して意見を類型化・構造化しながら記録しましょう。**どうしても「書く」作業に時間を取られますから、自分の発言は意識して行うことに注意。書くことのみに集中して発言できない書記は、評価が低くなってしまいます。**

「タイムキーパー」は、討論全体の時間を管理します。司会が各自で考える時間を取るのを忘れて意見出しを行おうとするなど、適切に機能していない場合は、司会のフォローを兼ねて時間設定などを提案する必要があります。また、議論に夢中になると、時間管理を忘れてしまうことがあります。反対に、**時間管理に意識が向くあまり、議論に参加できないこともありえます。冷静さを忘れずに、タイムマネジメントを意識しましょう。**

最後に**「発表者」**は、討論の経過や書記の記録を観察しながら、発表案を念頭に置いて討論に参加することになります。**発表の前には、独断専行にならないよう、発表案をメンバーに提示し、確認や修正案の提示をしてもらいましょう。**また、司会やタイムキーパーが「発表時間やまとめの時間」を指示しないときは、討論の冒頭で提案しましょう。

司会やリーダーに立候補すべき？

ここで強調したいのが「無理をして役割に立候補しない」ことです。私が集団討論の評価を担当していたときには、「司会が場を仕切れずに討論が破綻してしまうグループ」や「書記が記録係に徹してしまい一言も発しない姿」などを数多く目の当たりにしてきました。

一方で、面接本によっては、役割への立候補を勧める内容が散見されます。大学のキャリアセンターなどでも、そうしたアドバイスがなされることもあるようです。「司会をやれば高く評価されるはず」などと考えがちですが、役割への立候補は「諸刃《もろは》の剣《つるぎ》」です。失敗したときはハイリスクですし、参加者の一人として議論に貢献すれば正しく評価されるのですから、向いていないと自認する人は立候補する必要はありません。メンバーの一人として真摯に討論に参加しましょう。

ただし、たまたま積極的なメンバーがいなかった場合など、話の流れで司会等の役割分担を譲り合うこともあります。**その際にただ固辞するだけだと「消極的」という評価につながってしまいます**❾。**この場合は腹をくくって、周囲の協力を得ながら、自分にできる役割を全うするよう最大限努力しましょう。**そうした事態も想定のうえ、リスクヘッジの意

❾私が採用担当者として目撃したケースでは、たまたまおとなしいメンバーがそろったせいか、集団討論の冒頭で司会などへの立候補者が出ないグループがありました。最初に司会を打診されたある受験者が「え！　僕ですか……、無理です」と強い抵抗を示し、結局別の人が司会をすることに。消極的な彼に対して、その場に居合わせた採点官全員が最低ランクの評価点をつけたことは、今でも強く印象に残っています。

味でも、「役割ごとに押さえるべきポイント」を今一度確認しておいてください。

集団討論はコミュニケーション能力を発揮する場

集団討論やグループワークで面接官が確認したいのが「チームで仕事のできる人物か」ということです。職場にフィットするかという「協調性」や、発言の「論理性」、アイデアを出せるかという「発想力」などが主な評価のポイントになります。

ある意味、職場での会議の場面が想定されているわけですので、**相手の目を見ながら話しかけることや、発言にうなずいたり「そうですね」「なるほど」などとあいづちを打ったりしながら話を聞くといった「コミュニケーションスキル」の基本を意識してください。**

また、「討論」といっても、相手と戦って論破する場ではありません。司会の役割で解説したとおり、「○○さんはあまり発言なさっていないようですが、どうお考えでしょうか？」などと周囲に目配りする姿勢も重要です。**発言を促す働きかけは司会に任せつつも、司会の目が行き届かない部分を参加者の立場でフォローできると高評価につながります。**

ポイントは「会議でひんしゅくを買うヤツにならない」ことです。気持ちよく会議やミーティングを回せる先輩や先生などの姿をお手本にするとよいでしょう。

4.「防災」と「減災」の両輪で進める災害対策

■日本は「災害大国」

世界的な温暖化や大気の不安定化等の要因により、近年は40℃を超える夏の猛暑は珍しいことではありませんし、世界各地で局地的な豪雨等の災害が頻発しています。また、日本は地震も多く発生する「災害大国」。国や自治体を挙げて、これらの災害対策が行われているほか、非常時には迅速な行動がとれるよう、災害対策基本法などの法整備によっても災害対策が講じられています。

■ネタと切り口

大原則として、災害発生時には、国と自治体が一丸となって地域住民を守ることが求められます。いつ発生するかわからない災害に備えて、生命や財産を保護するための法律が「災害対策基本法」です。この法律に基づいて作られた国の防災計画は「防災基本計画」と呼ばれ、自治体では「地域防災計画」も作成されています。行政（国、都道府県、市町村）だけではなく、住民の立場で防災への取組みを行うことが義務づけられています。

災害対策は、一義的には自治体が対応に当たります（緊急時には国が代行する場合もあります）。大きく分ければ、実際に災害が発生している「災害時」と、災害が発生していない「平常時」での対応が想定されます。

まず災害時の役割としては、「情報の収集・発信」「避難勧告・指示の発令」「避難所等における生活環境の確保等の避難対策」「自衛隊やボランティアとの連携・協働等の応援受入れ態勢の確保」「生活再建支援」「災害救助法の適用の検討」など多岐にわたり、変化する状況をにらみながら適宜適切な判断を迫られるのです。

次は平常時の役割です。災害は起きたときだけではなく、起きる前に適切な対策（減災）を行うことが重要となります。具体的には、「避難所・避難場所の確保」「防災マップの作成」「定期的な防災会議の実施」「避難所の備蓄確保」などになるでしょう。

なお、「防災」と「減災」は似た言葉ですが、防災が「災害を未然に防ぐための各種行為、施策、取組み」をさすのに対して、減災は「いざ災害が発生したときに発生しうる被害を、最小限に食い止めるための取組み」を意味します。減災の前提には「地震などの大規模な自然災害は発生そのものを防ぐことができない」という極めて現実的な発想があります。災害対策に減災の考え方を加味することで、建設的・現実的な議論が可能となります。

← p.213からお読みください。

3．SDGsの観点に基づいたエネルギー政策の推進

■SDGsとは

SDGsは、Sustainable Development Goals（持続可能な開発目標）の略称です。SDGsは、17の目標と169のターゲット（目標ごとの解決課題）から構成され、地球上の「誰一人取り残さない」ことを誓っています。開発途上国だけでなく、先進国も取り組むユニバーサル（普遍的）なものであり、さらには国、企業、NPO、個人まですべてが協力して、経済・社会・環境の３つのバランスがとれた社会をめざす、世界共通の目標です。日本政府も「SDGs推進本部（本部長：内閣総理大臣)」を2016年に設置するとともに、「SDGs実施指針」を策定しました。

■ネタと切り口

SDGsの17の目標のうち、エネルギー政策について言及されているのが、「エネルギーをみんなに　そしてクリーンに」（目標７）です。具体的には「2030年までに、世界のエネルギーミックスにおける再生可能エネルギーの割合を大幅に拡大させる」などが小目標として提示されています。

太陽光・風力・地熱・中小水力・バイオマスといった再生可能エネルギー（再エネ）は、設備コストなど課題も多いものの、温室効果ガスを排出せず、国内で生産できることから注目されています。再エネ推進の具体策として、たとえば神奈川県では「再生可能エネルギー100％達成　応援サイト」を立ち上げ、さまざまなプロジェクトやイベントを実施し、再エネ電力に切り替える県内企業等を募集・支援しています。長野県飯田市では、地域の至るところに市民共同発電所が設置されていることなどから「エネルギー自治先進都市」とされています。

また、「気候変動に具体的な対策を」（目標13）では、化石燃料の使用を控えて温暖化を抑えるための緊急対策の必要性が示されています。このままの状況が続けば、世界のさらなる気温上昇が予想されます。気候変動に伴い、今後は豪雨や猛暑のリスクがさらに高まることが予想され、農林水産業、水資源、自然生態系、自然災害、健康、産業・経済活動等への影響は避けられないとの指摘もあります。こうした問題意識が「2050年カーボンニュートラルの実現」の議論にもつながっているのです。

なお、石油・石炭・天然ガスなどのエネルギー資源国であるロシアによるウクライナ侵攻など、さまざまな国際情勢の変化が世界のエネルギー政策に大きく影響を与えています。グローバル時代ならではの視座も持ち合わせておきましょう。

2．女性が活躍できる社会環境の整備に向けて

■女性活躍推進法の改正

女性活躍推進法とは、女性がスキルや個性を十分に活かして働ける社会づくりを目的に制定された法律です。正式名称を「女性の職業生活における活躍の推進に関する法律」といい、10年間の時限立法として2016年に全面施行されました。

主な内容として、女性の能力が十分に発揮できる社会の実現をめざし、国や自治体、企業などの事業主に対して、女性の活躍に関する状況把握や課題分析、数値目標の設定、行動計画の策定・公表などが義務づけられています。さらなる拡充を求めて2019年５月には改正女性活躍推進法が成立。2020年６月から順次施行されています。

2022年４月に施行された改正点のポイントは「対象企業の拡大」です。大手企業を対象とした取組みから中堅・中小企業までを対象とした取組みへと適用範囲が拡大されます。対象となる企業について「常時雇用の労働者数」が「301人以上」から「101人以上」とされました。本改正前は努力義務とされていた規模の企業も、今後は義務化されます。さらに同法の省令・告示の改正により、2022年７月からは301人以上の企業で男女の賃金の差異の開示も義務化されました。

■ネタと切り口

対象企業が取り組むべき課題は、「状況把握・課題分析」「行動計画の策定・社内通知」「行動計画の公表・届出」の３つです。特に、「平均勤続年数の男女比」や「管理職に占める女性割合」等のデータをもとに、自社の課題を見つけ、分析することが重要です。そのうえで、企業ごとに行動計画を策定し公表に至ります。

女性活躍推進法は、社会の少子高齢化を見据えた働き方改革を促進することが期待されています。そのため、「女性が働きやすい社会づくり」と「女性の多様な働き方の実現」が主な目的となります。これらの取組みは、組織にとっても「労働力不足の解消」「企業イメージの向上」につながるなどのメリットがあります。

一方、2023年の日本の「ジェンダーギャップ指数」は146か国中125位で、主要７か国（G7）で最下位となっています。「教育」と「健康」の値は世界に引けを取りませんが、「政治参画」と「経済参画」の値が低い結果です（政治参画は世界最低クラス）。このような現状を是正するには、社会に根差すジェンダーバイアスの問題や、他国のジェンダー平等の先進事例などをチェックしつつ、行政としてできることについて、当事者意識を持つことが重要です。

1．行政・自治体のDX化がもたらす価値

■行政・自治体のDX化とは

DXとは、「Digital Transformation（デジタル・トランスフォーメーション）」の略で、デジタル技術を用いた変革により、ビジネスや人々の生活を発展させることをさします。現在、あらゆる産業でデジタル技術の活用が求められており、国力の維持・強化のためにDX化は欠かせないものとなっています。2021年９月には、国全体のデジタル化の推進のためデジタル庁が設置されました。

総務省は、「自治体デジタル・トランスフォーメーション（DX）推進計画【第2.0版】」で、自治体におけるDX推進の意義として、以下の３つを挙げています。

①デジタル技術やデータを活用して、住民の利便性を向上させること
②デジタル技術やAI等の活用により業務効率化を図り、人的資源を行政サービスのさらなる向上につなげていくこと
③データの様式の統一化等を図りつつ、多様な主体によるデータの円滑な流通を促進することによって、自らの行政の効率化・高度化を図ること

■ネタと切り口

DX化への対応が求められているのは民間企業だけではなく、行政・自治体も同様であることはいうまでもありません。行政・自治体のDX化とは、「デジタル技術を活用することで、行政・自治体が担うサービスを改良し、住民の生活の向上を実現させる施策やシステム導入を実現すること」と理解できるでしょう。

しかし、行政・自治体では思うようにDX化が進んでいないことが問題です。地方ではそもそもDXに明るい人材が不足しているほか、「依然として紙文化が残っており、決裁や手続きがオンライン化に対応していない」「縦割り行政ゆえに、各省庁や自治体でシステムが異なる」などが要因として挙げられます。

新型コロナウイルス感染症対応でも、感染者数等の重要な報告にFAXが使用され、データの集計が手作業で行われていることなどが問題視されました。

一方、東京都港区などでは、保育所の入園の優先順位づけを従来の職員による手作業からAI化したところ、飛躍的に作業時間を短縮できたそうです。働き方改革の側面からも、こうした事例が他の自治体に波及することが期待されます。

業務のDX化は一朝一夕で推進できるものではありませんが、労働力人口の減少が見込まれる中、見直しは待ったなしというのが前提になります。志望する自治体等の現状を分析しつつ、自分なりの改善提案を考えておきましょう。

頭のいい人が話す前に考えていること

安達裕哉　著
ダイヤモンド社　1650円

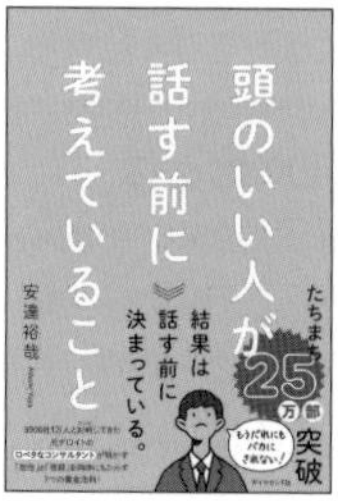

「ちゃんと考える」の「ちゃんと」とは、どういうことか。大事なのは考えている時間の長さではなく、アイデアの質。付属のワークシートの空欄を埋めるだけでも、面接官に与える印象が激変するだろう。

東大メンタル

西岡壱誠／中山芳一　著
日経BP　1760円

東大に合格するのに一番必要な能力とは「やりたくないことでも結果を出す力」と説く。公務員試験はもちろん、業務にも必須の「やり抜く力」を学べる。「自分の脳を騙す」「素直で謙虚であれ」などは肝に銘じたい。

「話し方のベストセラー100冊」のポイントを1冊にまとめてみた。

藤吉豊／小川真理子　著
日経BP　1650円

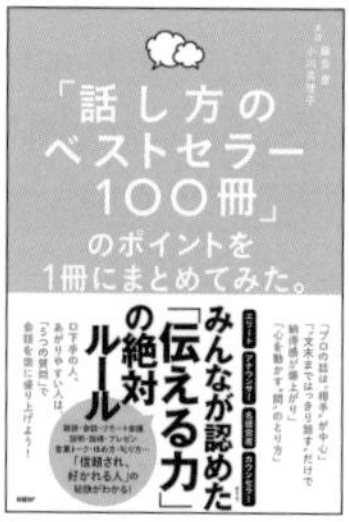

話し方の名著100冊のエッセンスを1冊に凝縮。会話術のプロが実践する「会話は相手を中心に」「話し方にメリハリをつける」などのテクニックは、面接はもとより、職場のコミュニケーション上も有用なものばかりだ。

ものごとが好転する「伝え方」のすべて

はるゆき　著
KADOKAWA　1595円

「「伝え方ひとつで、印象が変わる」。世代も価値観も異なる面接官に自分を印象づけるノウハウが満載。「中学生でもわかる、やさしい言葉を選ぶ」など、普段のコミュニケーションを円滑にするヒントも得ることができる。

終わりに——頑張るあなたへのエール

採用担当者時代の思い出です。面接官とうまくコミュニケーションを図れないものの、熱意やポテンシャルを感じる受験者は決して少なくありませんでした。面接官もなんとか発言を引き出そうとしますが、限界はあります。「目の輝きが違う！」などという採用理由は通用しないため、泣く泣く不合格を出さざるをえません……。なんともったいないことか！　彼ら／彼女らも「面接の基本」を理解していないだけで、配属してみれば活躍するかもしれないのに……。そうした当時の問題意識が、本書を執筆する燃料になりました。

また、現職の教え子にも、人柄の良さを他人に伝えることのできない学生は数多くいます。彼女たちへの個別指導をなんとか体系化したい。そのような思いもありました。

未来ある若者が、ただ「面接の基本」を知らないだけで力を発揮する場を奪われているとしたら……。それは、間違いなくわが国にとって大きな損失です。本書のアドバイスでそうした事態を少しでも防げれば幸いですし、さらには読者の中から公務員として活躍できる人が一人でも増えるならば、著者としては、望外の喜びです。

結びに、未来に向かってキャリアを進めるあなたに、心からのエールを送りたいと思います。悔いのないチャレンジを！

後藤　和也

著者紹介
後藤 和也（ごとう かずや）
山形県立米沢女子短期大学准教授。人事院東北事務局、国立大学法人東北大学で人事・採用の担当者として15年勤務。そのかたわら、産業カウンセラーやキャリアコンサルタント等の資格を取得。実務経験を活かして大学教員に転身し、2020年より現職。専門はキャリア教育、キャリアカウンセリング。研修講師として公務員の人材育成に携わるほか、自身のブログやTwitter、Facebookで積極的に情報発信を行っている。

Goto-Kazuya.com：http://goto-kazuya.blog.jp
X（旧 Twitter）：@kazuyagoto4

公務員試験
大事なことだけ　**シンプル面接術**

2024年1月31日　初版第1刷発行　〈検印省略〉

著　者　後藤和也
発行者　小山隆之

発行所　株式会社　実務教育出版
〒163-8671　東京都新宿区新宿 1-1-12
☎編集　03-3355-1812　　販売　03-3355-1951
振替　00160-0-78270
組　版　明昌堂
印　刷　精興社
製　本　東京美術紙工

ISBN 978-4-7889-7787-7　C0030　Printed in Japan